KÖNIGS ERLÄUTERUNGEN

Band 162

Textanalyse und Interpretation zu

Günter Grass

KATZ UND MAUS

Rüdiger Bernhardt

Alle erforderlichen Infos für Abitur, Matura, Klausur und Referat
plus Musteraufgaben mit Lösungsansätzen

Bange Verlag

Zitierte Ausgabe:
Günter Grass: *Katz und Maus. Eine Novelle.* München: DTV, 17. Aufl. 2010. (Der Text entspricht der Werkausgabe, Göttingen: Steidl Verlag, 1997, Bd. 4, hrsg. von Volker Neuhaus.)

Über den Autor dieser Erläuterung:
Prof. Dr. sc. phil. Rüdiger Bernhardt lehrte neuere und neueste deutsche sowie skandinavische Literatur an Universitäten des In- und Auslandes. Er veröffentlichte u. a. Studien zur Literaturgeschichte und zur Antikerezeption, Monografien zu Henrik Ibsen, Gerhart Hauptmann, August Strindberg und Peter Hille, gab die Werke Ibsens, Peter Hilles, Hermann Conradis und anderer sowie zahlreiche Schulbücher heraus. Von 1994 bis 2008 war er Vorsitzender der Gerhart-Hauptmann-Stiftung Kloster auf Hiddensee. 1999 wurde er in die Leibniz-Sozietät gewählt.

Hinweis:
Die Rechtschreibung wurde der amtlichen Neuregelung angepasst.
Zitate von Günter Grass müssen aufgrund eines Einspruches in der alten Rechtschreibung beibehalten werden.

2. Auflage 2019
ISBN 978-3-8044-1903-2
PDF: 978-3-8044-5903-8, EPUB: 978-3-8044-6903-7

Titelabbildung: Lars Brandt als Mahlke in dem Film „Katz und Maus"
© ullstein bild – Röhnert
Druck und Weiterverarbeitung: Tiskárna Akcent, Vimperk

1. DAS WICHTIGSTE AUF EINEN BLICK – SCHNELLÜBERSICHT

Damit sich jeder Leser in diesem Band sofort zurechtfindet und das für ihn Interessante entdeckt, folgt eine Übersicht.

Im 2. Kapitel wird **Günter Grass' Leben** beschrieben und auf den **zeitgeschichtlichen Hintergrund** verwiesen:

⇨ S. 9 ff.

→ Grass wurde **1927 in Danzig** geboren, das dortige Conradinum wurde einer der Hauptorte der Novelle. 1945 musste die Familie Danzig verlassen; Grass nahm an den letzten Kriegsereignissen teil, lernte nach Zwischenstationen Steinmetz, studierte Malerei und wurde einer der bedeutendsten Schriftsteller des 20. Jahrhunderts. 2015 starb er in Lübeck.

⇨ S. 26 ff.

→ In sein Hauptwerk *Danziger Trilogie* (Titel nach John Reddick) gingen die Erfahrungen aus Kindheit, Jugend, Zweitem Weltkrieg und Nachkriegszeit ein: „Danzig/Gdańsk, die Brutstätte …" (D, 92). Die Novelle *Katz und Maus* bildet den Mittelteil dieser Trilogie.

→ Grass beschäftigte sich nicht nur als Schriftsteller stets mit brisanten geschichtlichen und politischen Themen, sondern war auch ein politisch agierender, entschiedener Zeitgenosse, der sich besonders um Randgruppen der Gesellschaft, Ausgestoßene und Diskriminierte kümmerte.

Im 3. Kapitel findet der Leser eine Textanalyse und -interpretation.

Katz und Maus – Entstehung und Quellen:

⇨ S. 30 ff.

Ein geplanter Roman im Anschluss an die *Blechtrommel* scheiterte 1960; Grass löste aus dem Material die Novelle heraus, die zahlreiche Verbindungen zu den Romanen *Die Blechtrommel* und *Hundejahre* hat. *Katz und Maus* erschien 1961.

Inhalt:

Die Gemeinsamkeit der *Danziger Trilogie* ist die Geschichte der verlorenen Heimat Danzig, dem Geburtsort des Schriftstellers. Die Novelle, die aus 13 Kapiteln besteht, widmet sich dem Gymnasiasten Joachim Mahlke, einem Außenseiter, der für sich eine Position zwischen Held und Clown sucht, im Krieg nach dem Erhalt des Ritterkreuzes desertiert und in einem gesunkenen Boot verschwindet. Der Erzähler Heini Pilenz, der sich als Freund und Gegner Mahlkes sieht, fühlt sich schuldig, sucht seither Mahlke und erzählt 1959/60 dessen Geschichte sowie die seiner sechs Freunde und des Mädchens Tulla Pokriefke. ⇨ S. 35 ff.

Chronologie und Schauplätze:

Die Novelle handelt von 1940 bis 1945, ihre Erzählzeit, also die Gegenwart des Erzählers, ist um 1960. Sie spielt in Danzig-Langfuhr, in der Badeanstalt Brösen, in der Gegend um Danzig (Oliva) und auf einem Wrack; die Gegenwart des Erzählers findet in Düsseldorf statt.

Personen:

→ Der Erzähler **Heini Pilenz** ⇨ S. 65
arbeitet um 1960 als Sekretär im Düsseldorfer Kolpinghaus; er wird beauftragt, wahrscheinlich im Zusammenhang mit einer Beichte, über seine Schuld an Mahlke zu schreiben, ist von zwiespältigem Charakter, eine Judas-Variation.

⇨ S. 66 ff.

→ **Joachim Mahlke**
ein Außenseiter, ein ironisch säkularisierter Messias, steht zwischen Held und Clown, entlarvt die Sinnlosigkeit des Krieges.

⇨ S. 70 ff.

→ **Tulla Pokriefke**
fasziniert die jungen Männer, wirkt wie eine Fee und Jungfrau, wie eine weltliche Maria Magdalena, deren Farbe blau ist.

⇨ S. 73 ff.

→ **Oberstudienrat Klohse**
Direktor des Conradinums, willfähriger Diener des NS-Systems, Tyrann und geistloser Sprücheklopfer, durchlebt tragikomische Situationen.

Stil und Sprache in *Katz und Maus*:

⇨ S. 94 ff.

Grass' hochentwickeltes Sprachgefühl führt zu Experimenten und Sprachspielen, breitet Symbol- und Motivgeflechte, Wort- und Bedeutungsfelder aus und gestaltet eine illustrierende Wirkung der Sprache. Deutlich wird zwischen der Sprache der nationalsozialistischen Repräsentanten und der Jugendlichen sowie zwischen Mundart und Hochsprache differenziert.

Verschiedene Interpretationsansätze:

⇨ S. 98 ff.

→ Die Novelle als säkularisierte Leidensgeschichte und Ausdruck des Wertezerfalls
→ Literarische Beziehungen werden in der straff gebauten Novelle deutlich.
→ Die humanistische Bildung hat angesichts der Verbrechen des Nationalsozialismus versagt.

2. GÜNTER GRASS: LEBEN UND WERK

2.1 Biografie

Günter Grass (1927–2015) © Cinetext/ Bruder

JAHR	ORT	EREIGNIS	ALTER
1927	Danzig	Günter Grass wird am Sonntag, dem 16. Oktober, in Danzig-Langfuhr als Kind eines deutschen protestantischen Vaters und einer kaschubischen katholischen Mutter geboren. Er wird katholisch erzogen. Die Eltern haben ein Kolonialwarengeschäft.	
1933–44	Danzig	Besuch der Volksschule, 1937 des Real-Gymnasiums Conradinum, **Hauptort in der Novelle** *Katz und Maus*. Seit 1937 im Deutschen Jungvolk (DJ).	6–17
1939	Danzig	1. September: Den Kriegsausbruch betrachtet Grass als das Ende seiner Kindheit.	12
1943/44	Danzig	Luftwaffenhelfer, Reichsarbeitsdienst.	17
1944	Dresden	September: Den Marschbefehl zur Waffen-SS verstand Grass, begeistert vom „Dritten Reich", als Kommando in eine „Eliteeinheit" (Z, 126). Ausbildung zum Panzerschützen auf einem Truppenübungsplatz in Böhmen.	17
1945	Cottbus	Ende Februar: Vereidigung; Verlegung nach Weißwasser. Als Soldat (Panzerschütze) in der Waffen-SS-Division „Jörg von Frundsberg" am „Kriegsgeschehen" (Z, 150) beteiligt, „als Freiheit von der Schule mißverstanden"[1].	18

1 Grass, *Autor als fragwürdiger Zeuge*, S. 196.

JAHR	ORT	EREIGNIS	ALTER
	Marienbad	April: Verwundet, in Meißen und Marienbad medizinisch versorgt.	
	Grafenwöhr	Lazarett.	
	Bad Aibling	In der Oberpfalz und in Bayern in amerikanischer Gefangenschaft; besucht einen Kochkurs. Überstellt nach Munster-Lager.	
1946–47	Köln Saarland	Landarbeiter, Koppeljunge unter Tage in einem Kali-Bergwerk. Er ist unterwegs in verschiedenen Besatzungszonen, trifft seine Familie wieder, die Danzig verlassen musste. Die Nürnberger Prozesse öffnen ihm die Augen über den Nationalsozialismus, ohne „haltbar Partei zu ergreifen" (Z, 256).	19–20
1947	Düsseldorf	Auf Rat Prof. Enselings Lehre als Steinmetz.	20
1948–52	Düsseldorf	Studium an der Kunstakademie (Bildhauerei und Graphik; Lehrer: Sepp Mages und Otto Pankok).	21–25
1951–52	Italien, Frankreich, Lenzburg	Reisen nach Italien und Frankreich. Bekanntschaft mit der Schweizer Ballettstudentin Anna Schwarz.	24–25
1953–56	Berlin	Studium an der Hochschule für Bildende Künste (Schüler Karl Hartungs, hält ihn für einen seiner „begabtesten Schüler"[2]). 18. 1. 53: Begegnung mit Anna Schwarz in Berlin. Er heiratet sie 1954 und hat mit ihr (1957–65) vier Kinder. Tod der Mutter am 24. 1. 1954.	26–29

2 Vgl. Arker, S. 7.

JAHR	ORT	EREIGNIS	ALTER
1955	Berlin	Erste Veröffentlichungen. Auszeichnung: 3. Preis in einem Lyrikwettbewerb des Süddeutschen Rundfunks. Wird zur Gruppe 47 eingeladen, liest dort erstmals (Lyrik) und gewinnt Walter Höllerer zum Freund.	28
1956	Paris Stuttgart	Umzug: Grass besucht mehrfach Heines Grab, Freundschaft mit Paul Celan. Erste Ausstellung von Plastiken und Grafiken.	29
1958	Großholzleute/ Allgäu Danzig/ Gdańsk	Preis der Gruppe 47 für *Die Blechtrommel*. Reise nach Polen: Nach 14 Jahren Trennung recherchiert Grass wichtige Orte und Vorgänge **in Danzig vor Ort**.	31
1959	Bremen	*Die Blechtrommel* erscheint. Der Senat der Stadt Bremen verweigert den von einer Jury zuerkannten Literaturpreis.	32
1960	Polen Berlin	Rückkehr von Paris, erneut Reise nach Polen. Seit November **Arbeit an *Katz und Maus* (Titel zuerst: *Der Ritterkreuzträger*).**	33
1961	Leipzig Neuwied	Grass liest am 21. März als Gast Hans Mayers aus *Die Blechtrommel* im berühmten Hörsaal 40 der Leipziger Universität. „Es war gut, dass er zu uns gekommen war."[3] Grass nimmt im Mai am V. Schriftstellerkongress der DDR teil. **Am 9. Mai 1961 schickt Grass das Manuskript *Katz und Maus* an den Verlag Luchterhand.**	34

---

3 Hans Mayer: *Ein Deutscher auf Widerruf. Erinnerungen*. Band II. Frankfurt am Main: Suhrkamp, 1984, S. 239.

JAHR	ORT	EREIGNIS	ALTER
		Begegnung mit Willy Brandt, Beginn des Engagements für die SPD. Gemeinsam mit Wolfdietrich Schnurre protestiert Grass beim Schriftstellerverband der DDR gegen die Schließung der Grenze am 13. August 1961.	
1963	Berlin	Aufnahme in die Akademie der Künste. Mit dem Roman *Hundejahre* wird die *Danziger Trilogie* abgeschlossen.	36
1964	USA	Reise. 1965 Ehrenpromotion durch das Kenyon College.	37
1965	Deutschland Darmstadt Düsseldorf Berlin	Bundestagswahlkampf für die SPD in 52 Veranstaltungen. Georg-Büchner-Preis. Am 3. 10. werden am Rheinufer von Mitgliedern des „Evangelischen Jugendbundes für entschiedenes Christentum" mit Genehmigung des Ordnungsamtes Bücher verbrannt, darunter Bücher von Erich Kästner, Camus und Grass. Brandanschlag auf Grass' Wohnung.	38
1966	USA	Tagung der Gruppe 47 in Princeton. – Mehrere Reisen.	39
1967	Israel Nürnberg	Reise. – Rede auf dem SPD-Parteitag in Nürnberg. 2. Februar: **Uraufführung des Films *Katz und Maus***.	40
1968	Meißen Lübeck	Mai: Im Dom wird das *Meißener Tedeum* des Komponisten Wolfgang Hufschmidt mit einem „ketzerischen Antitext" (G, 43) von Günter Grass aufgeführt. 28. 9.: Grass stellt die von ihm gegründete „Stiftung zugunsten des Romavolkes" vor.	41

JAHR	ORT	EREIGNIS	ALTER
1968–69		Fontane-Preis u. a. Preise. Mehrere Reisen. Wahlkampfreise für die SPD mit 190 Veranstaltungen.	41–42
1970	Warschau	Reise mit Willy Brandt zur Unterzeichnung des Deutsch-Polnischen Vertrages.	43
1971	Nürnberg Tansania, Israel	Rede zum Dürer-Jahr. Reisen nach Tansania und Israel.	44
1972	Wewelsfleth	Kauf eines Hauses in Schleswig-Holstein. Bundestagswahlkampf für die SPD mit 129 Veranstaltungen.	45
1973	Israel	Reise mit Willy Brandt.	46
1974		Austritt aus der katholischen Kirche.	47
1975	Indien	Reise.	48
1976		Teilnahme am Bundestagswahlkampf der SPD.	49
1978	Berlin	Stiftung des Alfred-Döblin-Preises „aus einem überschüssigen Teil" der Buchhonorare.[4] Scheidung von Anna Grass, von der er sich bereits 1972 getrennt hatte. Reisen in Asien.	51
1979	Cannes	Hohe Auszeichnungen, darunter die Goldene Palme der Filmfestspiele für den Film *Die Blechtrommel*. Eheschließung mit der Hiddenseer Organistin Ute Grunert.	52
1982		Eintritt in die SPD.	55
1983	Berlin	Präsident der Akademie der Künste.	56

---

4 Günter Grass: *Wider die regionale Zerstreuung. Rede zur Verleihung des Alfred-Döblin-Preises* 1997. In: NDL (neue deutsche literatur), Berlin 1997, Heft 5, S. 183.

JAHR	ORT	EREIGNIS	ALTER
1984	Hamburg	Umzug, ohne sich in Hamburg wohlzufühlen.	57
1986	Behlendorf	Kauf einer Gründerzeitvilla in Holstein.	59
1986–87	Indien	Aufenthalt in Kalkutta.	59–60
1989	Berlin	Austritt aus der Akademie der Künste wegen deren mangelnder Solidarität mit Salman Rushdie.	62
1990	Danzig/ Gdańsk Poznan Frankfurt/M.	4. Mai: Fahrt „mit einem Marineminenleger zur Westerplatte" (D, 93), besucht Orte der *Danziger Trilogie* (Brösen, Oliva usw.). Ehrendoktor der Universität. Wintersemester: Gastdozentur für Poetik, *Schreiben nach Auschwitz.*	63
1992		Austritt aus der SPD.	65
1993	Danzig/ Gdańsk	Ehrendoktor der Universität, Ehrenbürger der Stadt.	66
1994		Zahlreiche Auszeichnungen, darunter den Großen Literaturpreis der Bayerischen Akademie der Schönen Künste.	67
1995		Der Roman *Ein weites Feld* erscheint und löst einen Streit in der Literaturkritik aus.	68
1996		Auszeichnungen, darunter der dänische Sonning-Preis, der Fallada-Preis, die Hermann-Kesten-Medaille und im Mai der Thomas-Mann-Preis der Stadt Lübeck.	69
1997	Göttingen Frankfurt/M.	Februar: Samuel-Bogumil-Linde-Literaturpreis für Verdienste um die deutsch-polnische Verständigung. Oktober: Laudatio auf den Friedenspreisträger des Deutschen Buchhandels Yaşar Kemal; Angriffe konservativer Kräfte auf Grass.	70

JAHR	ORT	EREIGNIS	ALTER
	Oklahoma City	Die Polizei beschlagnahmt Videos der *Blechtrommel*-Verfilmung, die als pornografisch eingestuft wurde. 1999 müssen Stadt und Justizbehörden deshalb 575.000 Dollar Entschädigung zahlen.	
1998	Lübeck	Januar-Februar: Sechs Vorlesungen im Zentralklinikum der Universität Lübeck „Werkstattbericht des Schriftstellers und Graphikers".	71
	Berlin	10. Mai: Wiederaufnahme in die Akademie der Künste.	
1999	Göttingen	*Mein Jahrhundert*.	72
	Tübingen	Poetik-Dozentur, Veranstaltungen „Wort und Bild".	
	Oviedo	Als erster nicht-spanischer Autor erhält Grass den Prinz-von-Asturien-Preis für seinen Einsatz für Freiheit und Demokratie.	
	Stockholm	**Nobelpreis.**	
	Lübeck	18. Dezember: I. Internationales Günter-Grass-Kolloquium.	
2000	Hamburg	Theaterfassung *Mein Jahrhundert* (Regie: Horst Königstein).	73
	Bremen	Gründung der Günter-Grass-Stiftung: sammelt Bild- und Tonbeiträge.	
2001	Frankfurt/O.	Viadrina-Preis der Viadrina-Universität.	74
	Berlin	Herbst: Gemeinsam mit zahlreichen Künstlern veröffentlicht Grass eine Erklärung gegen den Einsatz deutscher Truppen in Afghanistan und gegen einen „Totalitarismus neuer Art".	
2002	Halle (S.)	Novelle *Krebsgang*. 21. März: Grass hält die Rede zur Gründung einer Nationalstiftung, die er 1973 angeregt hatte: „Gut Ding	75

JAHR	ORT	EREIGNIS	ALTER
		braucht Weile heißt eine Schneckenweisheit."[5]	
	Leipzig	21. März: erstmalige Verleihung des von Grass geschaffenen *Bücher-Butts*, des Deutschen Bücherpreises (2002–2004).	
	Lübeck	20. Oktober: Eröffnung des Günter-Grass-Hauses, in dem das Werk (Wort- und Bildkunst) zugänglich gemacht werden soll.	
2003	Göttingen	*Letzte Tänze*, Gedichte und Zeichnungen.	76
2004	Göttingen	*Fünf Jahrzehnte. Ein Werkstattbericht*.	77
2005	Indien	Erneuter Aufenthalt in Kalkutta und anderen Orten.	78
	Berlin	Ehrendoktor der FU.	
	Stuttgart	28. November: Eckart-Witzigmann-Preis der Deutschen Akademie für Kulinaristik.	
	Lübeck	1. Treffen der „Lübecker Gruppe 05" nach dem Vorbild der „Gruppe 47" für jüngere Schriftsteller.	
2006	Lübeck	Grass' Autobiografie *Beim Häuten der Zwiebel* enthält u. a. das Bekenntnis, in der Waffen-SS gedient zu haben. Heftige Reaktionen zahlreicher Kollegen und eines polarisierten Publikums: „Hoch geehrt und heiß umstritten – Günter Grass polarisiert."[6] Grass denkt darüber nach, Deutschland zu verlassen.	79
	Chemnitz	15. 12.: Lesung statt der Auszeichnung mit dem Internationalen Brückenpreis (Görlitz und Zgorzelec), den Grass abgelehnt hatte. Grass trägt sich ins Goldene Buch der Stadt ein.	

---

5 Günter Grass: *Nach dreißig Jahren*. In: Mitteldeutsche Zeitung (Halle) vom 22. März 2002, S. 31.
6 Uta Trinks: *Ungebrochene Anziehungskraft*. In: Freie Presse (Chemnitz) vom 12. Dezember 2006.

JAHR	ORT	EREIGNIS	ALTER
	Görlitz	Sonderausstellung „Grafiken und Skulpturen" im Schlesischen Museum".	
2007	Lübeck	Im Günter Grass-Haus wird die Ausstellung *„Der liebe Gott" Otto Pankok. Ein Lehrer von Günter Grass* gezeigt. Der Gedichtband *Dummer August* erscheint und reagiert auf die Angriffe und Diskriminierungen des Vorjahres.	80
	Hiddensee	Grass engagiert sich für die Edition Hiddensee.	
	Lübeck	Festakt der Stadt mit dem Bundespräsidenten Horst Köhler. Zahlreiche Veranstaltungen und Fernsehsendungen zum 80. Geburtstag.	
	Göttingen	Geburtstagsparty, organisiert vom Verlag Steidl, mit 2000 Gästen.	
	Danzig/Gdańsk	Konferenz, Ausstellung u. v. a. m. anlässlich des 80. Geburtstages.	
2008	St. Petersburg	Mai: Auf Grass' Anregung findet ein deutsch-russisches Autorentreffen statt.	81
	Göttingen	29. August: *Die Box*, ein weiteres autobiografisches Buch.	
2009	Göttingen	Januar: Grass' Tagebuch 1990 erscheint *Unterwegs von Deutschland nach Deutschland*. September: Grass ist für die SPD im Wahlkampf in Ostdeutschland unterwegs.	82
2010	Istanbul	Grass ruft die Türkei auf, die im Ersten Weltkrieg an den Armeniern begangenen Verbrechen anzuerkennen.	83
	Berlin	*Günter Grass im Visier. Die Stasi-Akte* (hrsg. von Kai Schlüter) erscheint.	
	Göttingen	Mit *Grimms Wörter. Eine Liebeserklärung* schließt Grass seine autobiografische Trilogie ab.	

JAHR	ORT	EREIGNIS	ALTER
2011	Braunschweig	Januar: In der Jakob-Kemenate werden Zeichnungen und Plastiken von Grass ausgestellt. Er trägt sich ins Goldene Buch der Stadt ein und besucht die Jüdische Gemeinde.	84
	Göttingen	28. April: Grass und sein Verleger Steidl enthüllen ein von Grass entworfenes Denkmal für die Göttinger Sieben (darunter Jacob und Wilhelm Grimm).	
2012		4. April: In den großen Tageszeitungen *Süddeutsche Zeitung*, *La Repubblica* (Italien) und *El País* (Spanien) erscheint Grass' Gedicht *Was gesagt werden muss*, in dem er das „behauptete Recht auf den Erstschlag" israelischer Politiker kritisch bewertet und vor einem Krieg warnt. Eine polarisierte Diskussion bricht los, die weder Grenzen noch Sachlichkeit wahrt. Das Gedicht erhält internationale Beachtung und löst Diskussionen über Israel als Atommacht aus. Israel erlässt ein Einreiseverbot gegen Grass. 26. Mai: In der *Süddeutschen Zeitung* und in der griechischen Zeitung *Kathimerini* erscheint das Gedicht *Europas Schande* mit zahlreichen Anspielungen auf Kunst und Kultur und löst eine erneute Diskussion aus. Grass beklagt „ein kaum noch geduldetes Land", das die Wiege Europas sei und nun an den Pranger gestellt werde und leide (gemeint ist Griechenland). Herbst: *Eintagsfliegen* (Lyrik). Dezember: Grass führt, nach einer *Cicero*-Liste, die Liste der 500 wichtigsten deutschen Intellektuellen an, gefolgt von	85

JAHR	ORT	EREIGNIS	ALTER
		Peter Handke, Martin Walser und Alice Schwarzer. Die dänische Europa-Bewegung ernennt Grass zum „Europäer des Jahres".	
2013	Bad Elster	Januar bis März: Über 60 Grafiken werden in der Wandelhalle des berühmten Bades ausgestellt.	86
2015	Lübeck	Grass stirbt am 13. April in seinem 88. Lebensjahr.	87
2015		Posthum erschienen: *Vonne Endlichkait*.	

2.2 Zeitgeschichtlicher Hintergrund

ZUSAMMEN-FASSUNG

- → Grass erlebte entscheidende deutsche Ereignisse des 20. Jahrhunderts – Ende der Weimarer Republik, Machtergreifung des Nationalsozialismus, Rassismus, Zweiter Weltkrieg und deutsche Verbrechen – in der Überschaubarkeit des Freistaates „Freie Stadt Danzig".
- → Sein nach 1945 entstandenes Lebenswerk stellte er unter das Thema „Schuld, Schande und Sühne". Aus seinen frühen Erlebnissen und Erfahrungen entstand sein leidenschaftliches Engagement für Leidende, Unterdrückte, Verfolgte und Diskriminierte, in späterer Zeit für Flüchtlinge und Asylsuchende.
- → In sein Hauptwerk *Danziger Trilogie* (Titel nach John Reddick), deren Mittelteil die Novelle *Katz und Maus* ist, gingen die Erfahrungen aus Kindheit, Jugend, Zweitem Weltkrieg und Nachkriegszeit ein.
- → Grass beschäftigt sich nicht nur als Schriftsteller mit brisanten geschichtlichen und politischen Themen, sondern ist ein politisch entschieden agierender Zeitgenosse, der sich besonders um Randgruppen der Gesellschaft kümmerte.

Der Freistaat „Freie Stadt Danzig" bis zum 1. September 1939

Danzig-Langfuhr

Viele Orte, Vorgänge und historische Ereignisse der Novelle sind authentisch. Das staatliche und politische Gebilde des **Freistaates „Freie Stadt Danzig"** mit eigener Staatsangehörigkeit und Währung ging mit dem Ausbruch des Zweiten Weltkrieges am

1. September 1939 zu Ende. Danzig-Langfuhr, der Geburtsort von Günter Grass und Ort der elterlichen Kolonialwarenhandlung, ist ein Handlungsort der Novelle, Handlungszeit ist der Zweite Weltkrieg.

Versailler Vertrag

Der Versailler Vertrag von 1919 bestimmte Danzig zum Freistaat, der ab dem 10. Januar 1920 existierte und nicht zum Deutschen Reich gehörte. Der Freistaat „Freie Stadt Danzig" war teilweise umschlossen von der Republik Polen; die zahlreichen Deutschen konnten in der Stadt bleiben. Die Polen hatten durch den Freistaat Zugang zu einem Seehafen. Außenpolitisch vertreten wurde die Stadt von Polen; der Völkerbund entsandte einen Hohen Kommissar, den Schweizer Historiker und Schriftsteller Carl Jacob Burckhardt (1891–1974), in die Freie Stadt, der die Einhaltung der Verfassung überwachen und in Streitfällen schlichten sollte. Die Polen erhielten das Recht auf eigene Post- und Telegrafenanlagen in der Stadt[7], der Hafen wurde gemeinsam von Danzig und Polen verwaltet. Da Streit entstand, baute Polen in Gdynia einen Seehafen, der schon 1932 Danzig überflügelt hatte. – Die Freie Stadt Danzig umfasste 1914 km^2; dazu gehörten Danzig und Zoppot, das Weichseldelta, das Danziger und Marienburger Werder und die Hügellandschaft der Danziger Höhe im Westen. Anlieger waren im Osten die deutsche Provinz Ostpreußen, im Süden und Westen die polnische Wojewodschaft Pomorze und im Norden die Ostsee.

Labesweg 13, das Geburtshaus von Grass © Rüdiger Bernhardt

7 1925 kam es zum Danzig-polnischen Postkonflikt, der schließlich zur Reglung führte, dass alle Sendungen mit der Anschrift „Gdańsk" vom polnischen Zustelldienst, alle mit „Danzig" von der Danziger Post besorgt werden sollten.

In *Grimms Wörter* (2010) beschrieb Grass den zeitgeschichtlichen Hintergrund seiner Werke knapp:

> „Mein Zeitalter hob an, als sich die Weimarer Republik gerade ein wenig von ihren chronischen Schwächeanfällen erholt hatte, dann aber um so schneller verfiel, worauf das Dritte Reich nur zwölf Jahre dauerte, doch Zeit genug ließ, jedweden und so auch mich mit einem Völkermord zu belasten, der, auf den Ortsnamen Auschwitz gebracht, für alle Zeit wie ein Kainsmal haftet. Danach lud der aus Trümmern gedeihende Wohlstand zum Vergessen ein." (G, 260)

Zweiter Weltkrieg, Zeitgeschichte und individuelle Biografie

Deutsche Schuld

Im **Zweiten Weltkrieg**, der von Deutschland ausgelöst worden war, wurden Millionen von Menschen vernichtet. Der verbrecherische Rassismus der Faschisten führte zum Völkermord, zerstörte Familien und Gemeinschaften, er brachte endloses Leid über die Welt, das bis zum heutigen Tage nicht vollständig gesühnt wurde. Das Leid wurde in individuellen Biografien für den Einzelnen erfassbar und machte die daraus entstehende Bereitschaft zur Abtragung von Schuld möglich. Grass' monumentales episches Werk ist dafür beispielhaft. Seit Grass' Mitteilung in *Beim Häuten der Zwiebel* (2006), gegen Ende des Zweiten Weltkrieges 1944 in die Waffen-SS eingezogen worden zu sein, bekamen die Zeitbezüge in der Novelle keine anderen, aber schärfere Konturen. Die Autobiografie *Beim Häuten der Zwiebel* gibt Beispiele, wie Grass Selbsterlebtes den Figuren seiner Werke auflegte: Seine erste Düsseldorfer Wohnung im Caritas-Heim Düsseldorf-Rath und ein namenloser Franziskaner, der einer „engelhafte(n) Erscheinung" (Z, 291, vgl. 289: „Schutzengel") glich, wurden zum Kolpinghaus, in dem der Erzähler Pilenz wohnt

Grass' Mitgliedschaft bei der Waffen-SS

(102), und zum Pater Alban, dem Pilenz beichtet. Pilenz und Mahlke wurden mit der zeitgeschichtlichen Themenstellung des Schriftstellers versehen; Grass, der in der kurzen Zeit bei der Waffen-SS an keiner Verbrechensaktion beteiligt war, hat sein Schaffen unter das Thema „Schuld, Schande und Sühne" gestellt. Rigoros forderte er zu solcher Sühne auf, um Wiederholungen zu begegnen. Pilenz erzählt einen solchen Sühneversuch.

Grass' Thema „Schuld, Schande und Sühne"

Die „Banalität des Bösen" – der deutsche Nationalsozialismus

Die Behauptung, Grass habe die **Zugehörigkeit zur Waffen-SS** verheimlicht, muss relativiert werden: Er hatte in dem Fragebogen „Vorläufige Erklärung" beim Eintritt in die US-Kriegsgefangenschaft die Angaben korrekt gemacht, und jeder Interessierte oder Biograf hätte sie, wenn er gewollt hätte, erfahren können.[8] Bis 1963 hat Grass, wie Klaus Wagenbach berichtete, über diese Tatsache gesprochen und sich erst zurückgehalten, als andere hochrangigere Persönlichkeiten ihre SS-Zugehörigkeit bzw. Parteimitgliedschaft manipulierten, da sie wieder in Führungspositionen angekommen waren.[9] In diesen Umkreis gehört Grass' offener Brief an den Bundeskanzler Kiesinger, den er wegen einer solchen Vergangenheit zum Rücktritt aufforderte (G, 61 f.). Auch spätere Aussagen machten hellhörig: In einer kritischen Betrachtung von Alfred Anderschs Roman *Sansibar oder der letzte Grund* (1957) äußerte Grass, dass „ein Schriftsteller von Buch zu Buch die Summe seiner Figuren ist, inklusive die SS-Männer, die darin vorkommen"[10]. Als er sein Leben

Verheimlichte Mitgliedschaft?

---

8 Vgl. Dirk Kurbjuweit u. v. a.: *Fehlbar und verstrickt*. In: Der Spiegel, Nr. 34, 21. 8. 2006, S. 49.

9 Klaus Wagenbach: *Günter Grass hat nichts verschwiegen*. In: DIE ZEIT vom 26. April 2007, Nr. 18, S. 50.

10 Zitiert nach: Christian Eger: *Du bist schuld und du am allermeisten*. In: Mitteldeutsche Zeitung (Halle), 2. September 2006, S. 29.

mit dem Wolfgang Weyrauchs verglich und datierte, „die schlimmeren Varianten auslassend“[11], schien das ein Gesprächsangebot zu sein. Rückfragen kamen nicht. Schließlich sprach er 1996 in seiner Dankrede bei der Verleihung des dänischen Sonning-Preises von seiner Mitschuld an den übergroßen Verbrechen.

Arroganz der Nachgeborenen

Was als **„Grass-Skandal“**[12] bezeichnet wurde, war zuerst ein Skandal des deutschen Geistes mit seiner Arroganz der „Nachgeborenen“. Zeitgenossen wie Martin Walser gingen verständnisvoll auf das Schweigen von Grass ein:

> „Es herrscht hier kein Klima, das einlädt, mit sich selbst freimütig abzurechnen und entspannt darüber zu sprechen, was einem passiert ist. Es ist ein Klima der Vergiftungen, der schnellen Verdächtigungen und des Rufmords.“[13]

Ähnlich äußerten sich Dieter Wellershoff, Robert Menasse, Dieter Hildebrandt, vor allem aber zahlreiche Leser in Briefen an Redaktionen, in denen sie für diese Generation eigene Schicksale schilderten und feststellten, dass 1944 „überhaupt keine Wahl mehr bestand, zu welcher Waffengattung man wollte, die meisten kamen völlig ungefragt zur SS, die zu dieser Zeit keinen Unterschied zu anderen Einheiten darstellte“[14].

Hannah Arendt: „Banalität des Bösen“

In der Novelle verschränken sich **Biografie des Autors und Zeitgeschichte**. Es entsteht ein Bild der psychischen und politischen Situation kleinbürgerlicher Einwohner eines Danziger Vororts und gleichzeitig ein eindrucksvolles Beispiel der „Banalität des Bösen“

---

11 Günter Grass: *Kein Schlußwort*. In: Grass, *Der Autor als fragwürdiger Zeuge*, S. 128.

12 Christian Eger: *Du bist schuld und du am allermeisten*. In: Mitteldeutsche Zeitung (Halle) vom 2. September 2006, S. 29.

13 Vgl. *Stimmen*. In: Freie Presse (Chemnitz) vom 19./20. August 2006, Seite A 16 (Kultur).

14 Hartmut Fuhrmann. In: Freie Presse (Chemnitz), 23. August 2006, S. 22 (Leserforum) und andere.

des deutschen Nationalsozialismus. Mit diesem Begriff, der dem Bericht Hannah Arendts *Eichmann in Jerusalem* (1964) den Untertitel gab, beschrieb die Autorin alltägliche Vorgänge wie unreflektierte Pflichterfüllung und Ehrgeiz, bürokratischen Gehorsam und subalterne Beflissenheit, die sich oft mit preußischem Untertanengeist paarten. Arendt meinte damit, dass die Verbrechen des Nationalsozialismus auch aus einer Häufung trivialer Ursachen und Verhaltensweisen entstanden. Grass gibt in seiner *Danziger Trilogie* dafür zahllose Beispiele; *Katz und Maus* lebt davon.

Grass wurde 1944 Luftwaffenhelfer, „ein uniformierter Gymnasiast“ (126). Einige Figuren der Novelle haben ähnliche Biografien. Mahlke, der als Panzerschütze Eisernes Kreuz I und II und Ritterkreuz erhält, dann aber als Deserteur aus den kriegerischen Ereignissen verschwindet, wurde zuerst zur Unperson für den Nationalsozialismus, weil er ein Ritterkreuz stahl, und blieb eine Unperson, weil er desertierte. Mahlke ist eine der **Brechungen und Variationen** der Erfahrungen des Schriftstellers.

2.3 Angaben und Erläuterungen zu wesentlichen Werken

ZUSAMMENFASSUNG

Die „Banalität des Bösen" im „Dritten Reich" als alltäglichen Vorgang beschrieben zu haben, ist Günter Grass' Verdienst in der *Danziger Trilogie*. Die Teile der Trilogie haben **ähnliche Figurenkonstellationen;** Orte, Milieu, Handlungsräume und Attribute stimmen überein. Auch andere, spätere Werke Grass' deuten auf die Trilogie hin, verwenden Einzelereignisse und biografische Elemente der Hauptpersonen.

1997 hielt Grass bei der Verleihung des Friedenspreises des deutschen Buchhandels in der Frankfurter Paulskirche die Laudatio auf den türkischen Schriftsteller Yaşar Kemal und sprach über die Bedeutung von Landschaften für Schriftsteller:

„Nichtloskommen von längst verlorenen Provinzen"

> „Dieses Nichtloskommen von längst verlorenen Provinzen. Denn jede Satzperiode, die ich zu Papier brachte, wurzelte – sie mochte am Ende sonstwo hinführen – zwischen der Weichselniederung und den Hügeln der Kaschubei, in der Stadt Danzig und deren Vorort Langfuhr, an den Stränden der Ostsee." (G, 161)

1959	*Die Blechtrommel*. Roman.
1961	*Katz und Maus*. Eine Novelle (spielt im Umfeld der *Blechtrommel* und hat ein ähnliches Figurenensemble, darunter Tulla).
1963	*Hundejahre*. Roman (Abschluss der *Danziger Trilogie* und Reflexion der früheren Teile; Tulla ist eine Hauptgestalt).

Bezugnahme auf die *Danziger Trilogie* in späteren Werken:

1969	*örtlich betäubt*. Roman (Erinnerungen an Figuren aus der *Danziger Trilogie*).
1972	*Aus dem Tagebuch einer Schnecke* (wichtige Aufschlüsse zur Geschichte Danzigs zwischen 1933 und 1939).
1986	*Die Rättin*. Roman (Die Geschichte Oskar Matzeraths wird in einem Handlungsstrang fortgesetzt und abgeschlossen, Oskar ist nun 60 Jahre alt. Vom Untergang der *Gustloff* wird berichtet.).
1992	*Unkenrufe*. Eine Erzählung, gedacht als „Schlußstein der Danzig-Bücher" (D, 108).
2002	*Im Krebsgang*. Eine Novelle (Wie das Satyrspiel die antike Tragödie abschloss, fügt sich die Novelle der *Danziger Trilogie* an, ohne allerdings satirisch-heiter zu sein; vielmehr ist die Novelle beängstigend.[15]).

Der Turm der Herz-Jesu-Kirche © Rüdiger Bernhardt

1. **Orte:** Danzig und der Schauplatz Danzig-Langfuhr (heute: Gdańsk-Wrzeszcz) mit Straßennamen, dem Conradinum, der Herz-Jesu-Kirche, der katholischen Kirche und dem Kolonialwarengeschäft Matzerath; der Badeort Brösen und das Wrack des polnischen Minensuchbootes *Rybitwa*.

2. **Oskar Matzeraths Eigenschaften** (*Die Blechtrommel*) Trommeln und Glaszersingen: Sie werden in allen Teilen mindestens genannt, auch in *Katz und Maus*. Der Vorgang der Novelle wird in den *Hundejahren* erwähnt.

---

15 Vgl. dazu: Rüdiger Bernhardt: *Günter Grass. Im Krebsgang* (Königs Erläuterungen und Materialien, Band 416), Hollfeld: Bange Verlag, 2013.

Tulla Pokriefke

3. **Personen**: Die Studienräte Brunies und Mallenbrandt werden im Zusammenhang mit dem Schlagballspiel auch in *Hundejahre* genannt; Mallenbrandt hatte ein Lehrwerk dazu geschrieben. Mehrere Figuren der *Danziger Trilogie* sind in allen Teilen vertreten, andere in mindestens zwei: Tulla, ihr Cousin („ein eher schmächtiges Kerlchen", 111), der als Erzähler Harry Liebenau in den *Hundejahren* wiederkehrt; Pilenz, Störtebeker und seine „mysteriöse Jugendbande" (111) u. a.

4. **Fortsetzung**: Die Novelle *Im Krebsgang* setzt die *Danziger Trilogie* bis in die Gegenwart fort, erinnert aber auch an *Die Rättin*. Zeitlich beginnt die Novelle *Katz und Maus* am Ende des 2. Buches der *Blechtrommel* und reicht bis in die Gegenwart von 1960.

Zeitstrahl der Abläufe

WERK	HANDLUNG ALS RÜCKBLENDE	GEBURT DER HAUPTGESTALTEN	ZEITLICHES HANDLUNGSZENTRUM	ENDE DER HANDLUNG
Die Blechtrommel	1899	1924 Oskar Matzerath (Tulla als Schwester von Oskar vorgesehen[16])	(1928) 1952–1954	1954
Hundejahre	1917–1927	1917 Matern, Brauxel 1926 Liebenau 1927 Tulla Pokriefke[17] 1927 Jenny Brunies	1933–1945	1962
Katz und Maus	1940–1945	1925 Mahlke 1927 Pilenz 1927 Tulla Pokriefke 1927 „Pflegetochter" (49) = Jenny Brunies	1940–1945	1959–1960
Im Krebsgang	1895	1927 Jenny Brunies 1927 Tulla Pokriefke 1945 Paul Pokriefke 1980 Konrad Pokriefke	1936–1945	1995

16 Vgl. S. 70 dieser Erläuterung.
17 Vgl. Günter Grass, Dieter Stolz, Claus-Ulrich Bielefeld: *Blick in die Werkstatt: der Autor und sein verdeckter Ermittler*. In: Sprache im technischen Zeitalter, Jg. 34/1996, Nr. 136, S. 308.

3. TEXTANALYSE UND -INTERPRETATION

3.1 Entstehung und Quellen

ZUSAMMEN-FASSUNG

- → Die Weiterführung der *Blechtrommel* führte 1960 in eine Sackgasse, da die gewählte Erzählsituation den beabsichtigten Roman nicht trug. Als der Stoff der Novelle *Katz und Maus* aus dem bereits 350 Seiten umfassenden Manuskript herausgelöst wurde, ergaben sich Möglichkeiten, die zu dem Roman *Hundejahre* führten.
- → Der Mittelteil des mehrbändigen Werkes, das von Grass als eine Einheit betrachtet und von John Reddick *Danziger Trilogie* genannt wurde, wird von *Katz und Maus* gebildet.
- → Die Trilogie bediente zwar die Tradition des deutschen Bildungsromans von Grimmelshausen bis Goethe, ging mit ihr aber ironisch um und entwickelte ein Antikonzept, das Beispiel Jean Pauls nutzend.

‚Für die Katz' geschrieben

Mit dem Roman *Die Blechtrommel* hatte sich der Stoff aus der Danziger Kindheit und Jugend Günter Grass' nicht erschöpft. Zusätzliche Erinnerungen waren bis zu dem Titel *Kartoffelschalen* geraten, hießen dann *Ich war Hitlers Wolfshund* oder *Abzweig Pluto* oder *Der Knirscher*. Mitte 1960 scheiterte die ursprüngliche Absicht: „Einige hundert Seiten Prosa (seien) ‚Für die Katz'"[18] geschrieben, wie Grass an Walter Höllerer schrieb. Er musste wieder „von vorne" beginnen und fand **durch die Novelle zur Erzählposition der *Hundejahre***.[19]

18 Vgl. Neuhaus, *Schreiben gegen die verstreichende Zeit*, S. 87.

19 Arnold: *Gespräche mit Günter Grass*. In: Arnold (Hrsg.): Günter Grass. TEXT + KRITIK. München, 1978 (5. Auflage), Heft 1/1a, S. 18.

Die herausgelöste Geschichte Mahlkes bot die Möglichkeit, neben den Ereignissen des Zweiten Weltkrieges den katholischen Einfluss auf Mahlke und andere, dem auch Grass ausgesetzt war, aufzunehmen. In Pilenz' Erzählung sind Reste des aufgegebenen Manuskripts zu finden, so wenn Pilenz über Brunies und seine Pflegetochter (Jenny) nachdenkt: „(...) eine dunkle verzweigte Geschichte, die an anderer Stelle, doch nicht von mir, und auf keinen Fall im Zusammenhang mit Mahlke, niedergeschrieben werden soll" (49). Die drei Werke halten **„ein Stück endgültig verlorene Heimat"** fest – Danzig. Grass' Danzig sei „als Danzig weg", wie auch Breslau, Königsberg oder Stettin „verloren" seien.[20]

Nachprüfbare Details

Details sind nachprüfbar: Das polnische Minensuchboot *Rybitwa* wurde 1939 während der Kämpfe in der Danziger Bucht von der deutschen Kriegsmarine aufgebracht, sank und bildete vor Neufahrwasser eine künstliche Insel für die Schüler. Gegenüber Danzig-Neufahrwasser lag die Westerplatte, mit deren Beschuss am 1. September 1939 durch den deutschen Panzerkreuzer „Schleswig Holstein" der Zweite Weltkrieg begann. Pilenz berichtet davon (33). Grass kam, wie Mahlke, an die Ostfront und erlebte dort, wie die Hälfte seiner Kompanie, zumeist so alt wie er, innerhalb weniger Minuten einen sinnlosen Tod starb.[21] *Beim Häuten der Zwiebel* belegt, wie Erfahrungen, Orte und Begegnungen in den Text aufgenommen wurden: der Filzhut des Reichsarbeitsdienstes, auch „Arsch mit Griff" genannt, als Kopfbedeckung Mahlkes (Z, 93), die Tucheler Heide, der „Verweigerer" von Waffen als Vorbild für Mahlke (Z, 103) u. a.

Umfangreiche Leserreaktionen

Am 9. Mai 1961 schickte Grass das Manuskript an den Verlag Luchterhand. Nach drei Tagen war der Text ihm „schon entrückt;

---

20 Ebd.

21 Günter Grass: *Rede beim Heilbronner Schriftstellertreffen*. In: Grass: Werkausgabe in zehn Bänden. Hg. von Volker Neuhaus. Band 9. Darmstadt/Neuwied: Luchterhand, 1987, S. 877.

wahrscheinlich, weil der Roman sich sofort wieder meldete und Ansprüche stellte"[22]. 1961, also noch im selben Jahr, erschien die Novelle *Katz und Maus*. Hans Mayer erinnerte sich, dass die Novelle „hineingewirkt (hatte) in die Welt"[23]. Er hatte den Schriftsteller während einer Tagung der Gruppe 47 daraus lesend erlebt. Nach dem Erscheinen der Novelle waren die Reaktionen so umfangreich, dass Grass seine Post nicht mehr allein bewältigen konnte und eine Sekretärin einstellen musste.

Regisseur Walter Henn

Grass erreichte sein Ziel: Durch das Herauslösen der Novelle aus dem Roman veränderte sich dessen Anlage und machte den Weg frei für die Weiterarbeit. – Nach dem Abschluss der Novelle sprach Grass mit dem Regisseur Walter Henn, der Grass' *Die bösen Köche* (1961) inszeniert hatte, über die Verfilmung. Zu Henns Tod 1963, mitten in der Arbeit daran, schrieb Grass das Gedicht *Mein Freund Walter ist tot* und widmete ihm „in memoriam" den Roman *Hundejahre*. – John Reddick sah 1970 in seiner Doktorarbeit (Oxford) den Zusammenhang von *Die Blechtrommel*, *Katz und Maus* und *Hundejahre* und fand dafür den Begriff der *Danziger Trilogie*.[24] Der Titel ist griffig und entspricht den Texten: Landschaft und Figuren verklammern die drei Bücher; Zeit und historische Ereignisse geben ihnen einen einheitlichen historischen Hintergrund.

Tradition des pikaresken Romans

Grass hat im Zusammenhang mit der *Blechtrommel* mehrfach auf die Traditionen des pikaresken[25] Romans, Fischart und Grimmelshausen, aufmerksam gemacht, auf Jean Paul und Alfred Döblin,

---

22 Neuhaus, *Schreiben gegen die verstreichende Zeit*, S. 88; vgl. Grass, *Fünf Jahrzehnte*, S. 32.

23 Hans Mayer: *Ein Deutscher auf Widerruf. Erinnerungen*, Band II. Frankfurt am Main: Suhrkamp, 1984, S. 237.

24 Vgl. John Reddick: *Eine epische Trilogie des Leidens?* In: Arnold (Hrsg.): Günter Grass. TEXT + KRITIK 1/1a. München 1978 (5. Auflage), S. 60 ff.

25 Der Pikaro (span.) ist der Schelm oder Spitzbube. Daraus entstand der Begriff des pikaresken oder pikarischen Romans, der als Schelmenroman das Gegenstück zum Bildungs- und Heldenroman sein will. Berühmt wurde in der deutschen Literatur Grimmelshausens *Simplicissimus*.

um einige Namen zu nennen.[26] Wenn Grass über diese Vorbilder sprach, betonte er, dass diese Autoren „aus der Sicht der kleinen Leute, der Verlierer“[27], erzählt hätten, und wies damit auf das eigene Prinzip des Erzählens hin. Die Novelle *Katz und Maus* steht in diesen Traditionen, weiß aber auch von anderen Vorbildern, die von der revolutionären Haltung Heinrich Heines und Georg Büchners bis zu Gerhart Hauptmanns *Bahnwärter Thiel,* dem deutschen Naturalismus und Grass‘ „Lehrer“[28] Alfred Döblin reichen. Besonders mag Grass Jean Paul, zu dem er sich nachdrücklich bekannte[29] und dem er in seiner Nobelpreisrede einen Platz „im Panoptikum deutscher Geistesgrößen“ zugestand[30]. – Die Spuck-Szenen in der *Blechtrommel* und in *Katz und Maus*, von der Kritik als widerwärtig abgetan, haben Parallelen in Jean Pauls *Dr. Katzenbergers Badereise*. Dr. Katzenberger weiß, satirisch übersteigert, um den „Unsinn des Ekels“: Nicht die edlen Getränke wie Wein, Bier, Likör und Brühe bewahren wir „in unserm Munde“, sondern den Speichel, „wovon der Besitzer, wenn es heraus wäre, keine halbe Teetasse trinken könnte“[31]. Ähnliche Ekel erregende Provokationen natürlich alltäglicher Gefühle finden sich bei Jean Paul häufig, so wenn sein Dr. Katzenberger Maikäfer aussaugt, „fette runde Spinnen“ Austern vorzieht und „reife Kanker“[32] (Weberknechte) als Delikatesse im Keller erjagt. Jean Pauls satirische Zeichnung der feudal-kleinbürgerlichen Atmosphäre des frühen 19. Jahrhunderts wird bei Grass in das Klein-

Erzählen aus Sicht der Verlierer

Vorbild Jean Paul

---

26 Vgl. Arnold: *Gespräche mit Günter Grass*. In: Arnold (Hrsg.): Günter Grass. TEXT + KRITIK 1/1a, München 1978 (5. Auflage), S. 6.
27 Grass: *Mir träumte, ich müsste Abschied nehmen*. In: Grass: Autor als fragwürdiger Zeuge, S. 180. Grass bezog sich hier auf Grimmelshausen.
28 Grass, *Die Deutschen und ihre Dichter*, S. 65.
29 Vgl. Günter Grass zu Heinz Ludwig Arnold, 1970. In: Arnold (Hrsg.): Günter Grass. TEXT + KRITIK 1/1a, S. 6.
30 Grass: *Fortsetzung folgt ... (Nobelpreisrede)*. Göttingen: Steidl, 1999, S. 33.
31 Jean Paul: *Dr. Katzenbergers Badereise*. Leipzig: Reclam, 1964, S. 144.
32 Ebd., S. 34 f.

bürgertum seiner Zeit verlagert und füllt die Inhaltsleere seines Denkens mit Ekel.

Joachim Mahlke und Jesus

Die zweite auffällige **Tradition weist auf die christliche Heilsgeschichte**. Die Freizeit verbringt Mahlke, dem Züge des Messias zugeordnet werden, oft in einem durch ihn belebten Freiraum (Turnhalle und Marienkapelle). Die zwei Bereiche überschneiden sich ständig, sind sich in ihren Attributen ähnlich, polarisieren sich aber nie. Sie gehören zusammen wie Mahlkes Mansardenzimmer und sein Marienkapellchen im Funkerraum. Die Marienkapelle war ursprünglich eine Turnhalle des Sportvereins Neuschottland (18). Die Turnhalle wurde zur Kapelle, Joachim Mahlke hat Parallelen zu Jesus, Pilenz ist dem Verräter Judas ähnlich. Der Schuldirekter Klohse erscheint wie eine Mischung aus Kaiphas, den biblischen Hohepriester, an den Judas[33] Jesus verrät und der an Jesus' Verurteilung beteiligt ist, und Pontius Pilatus. Tulla, die Mahlke als Frau am nächsten steht, lässt sich in solcher Konstellation als Maria Magdalena sehen. Dass sie von den pubertierenden Jungen als „Splitter im Fleisch“ (100) empfunden wird, erinnert an Paulus, der ständig als Mahnung einen „Pfahl im Fleisch“, des Satans Engel (2. Korinther 12, 7), fühlt. Ein Mitschüler karikiert Mahlke, malt das Gesicht von vorn als Dreieck, die Haare mit Mittelscheitel „und hinter Kopf und Leidensmiene ein kreisrunder Heiligenschein“ (46). Das erinnert an frühe Christusbilder und an Dürers Selbstbildnis von 1500.

---

33 Zu den Judasbezügen werden andere Beispiele, vor allem aus der *Blechtrommel* drei Judasküsse und mehrere Handlungen von Verrat, aufgelistet bei: Arker, S. 242 und 290.

3.2 Inhaltsangabe

ZUSAMMEN-FASSUNG

Grass brachte den Inhalt auf die kurze Mitteilung: Die Novelle handele „vom Krieg, von einem versenkten polnischen Minensucher, paar Jungs und nem Mädel und einem Orden für Heldentaten"[34].
Pilenz erzählt in 13 Kapiteln die Geschichte von sieben pubertierenden Jungen und einem sexuell interessierten Mädchen in den Jahren 1940 bis 1945. Aus ihr sticht besonders die Figur des Joachim Mahlke hervor, der unter einem übergroßen Adamsapfel leidet, ihn verdecken will und schließlich ein von ihm durch den Abschuss feindlicher Panzer erworbenes Ritterkreuz dazu benutzt. Neben Mahlke fällt auch Tulla Pokriefke auf, die den jungen Verehrern sexuelle Leistungen verspricht, wenn sie ihre Aufträge erfüllen.
Pilenz sitzt um 1960 – das ist die Zeit der Rahmenhandlung – im Düsseldorfer Kolpinghaus und erzählt (schreibt), bestärkt vom Franziskanerpater Alban, die Geschichte des Danziger Gymnasiasten. Seine Erzählung will die Schuld beschreiben, Mahlke zu einem Getriebenen gemacht zu haben, und Beichte sein, die ihm zur Sühne dieser Schuld verhelfen soll („schreiben Sie sich frei", 126).

Der „Große Mahlke"

Die Novelle spielt während des Zweiten Weltkrieges vom Sommer 1940 bis zum Januar 1945. Es geht um Erlebnisse einer Danziger Jungengruppe, zu der Pilenz, Kupka, Hotten Sonntag, Winter, Esch, Schilling und Mahlke gehören; hervorgehoben werden die Ereig-

34 Grass, *Die Box*, S. 40 f.

nisse um den Gymnasiasten Joachim Mahlke, manche reichen ins Jahr 1939 zurück. Vom Erzähler Pilenz wird er der „Große Mahlke“ genannt, seit er ein Ritterkreuz gestohlen hat. In Pilenz‘ Sicht schwankt Mahlke zwischen **Held und Clown**, das war Mahlkes Absicht: Als Schwimmer, Taucher, Turner und Soldat vollbringt er überragende Leistungen, aber sie wirken durchweg unästhetisch und verzerrt, clownesk. Mahlke wollte Clown werden.

Kapitel I–III

Pilenz beginnt seinen Bericht mit der Erklärung des Titels der Novelle, der auf ihn zurückgeht: Er hat einer Katze Mahlkes Adamsapfel als Maus angeboten und ihn damit verletzbar und zum Gejagten gemacht. Ein 1939 gesunkenes polnisches Minensuchboot wird ein Treffpunkt der Jugendlichen, unter denen Mahlke Aufsehen erregt. – Pilenz beschreibt Mahlkes Wohnung in Langfuhr und seine Familie, die aus der verwitweten Mutter und deren Schwester besteht, Mahlkes Ziel, Clown zu werden, und seine Beziehung zu Schule und Madonna, zu Jungvolk, aus dem er geworfen wurde, und HJ[35]. Am Ende des 2. Kapitels wird das Schicksal des Schiffs, das zum Wrack wird, beschrieben: Es wird zum Opfer des beginnenden Zweiten Weltkrieges. – III: Auf dem Wrack finden Wettstreite im Onanieren statt, die von Tulla angeregt werden; ihr gelingt es auch, Mahlke einzubeziehen, der sich allerdings nicht für sie als Mädchen interessiert.

I

Unvermittelter Anfang

Unvermittelt, scheinbar mitten in einem Bericht – drei Punkte deuten auf die Zufälligkeit des Einstiegs hin, wiederholen sich (vgl. 19, 69, 158) und zeigen Erzählunterbrechungen an – beginnt der

---

35 Das „Deutsche Jungvolk“, genannt „Pimpfe“, umfasste die Jungen von 10–14 Jahren; die „Hitlerjugend“ umfasste die 14–18-jährigen Jungen.

Erzähler Pilenz, Jahrgang 1926, seinen Bericht im Jahr 1960 über Joachim Mahlke, Jahrgang 1925. Zwei Handlungen fangen an: Die Rahmenhandlung teilt anfangs den Adressaten des Erzählten nicht mit. Pilenz erzählt in der Binnenhandlung, dass Mahlke 1939 „weder schwimmen noch radfahren (konnte), (er) fiel überhaupt nicht auf" (8). Nur Pilenz „war mit ihm so gut wie befreundet, wenn man mit Mahlke befreundet sein konnte" (102), aber er war auch Gegner Mahlkes. Indem er Mahlke seine Außenseiterrolle und Absonderlichkeit, den überdimensionalen Adamsapfel, bewusst macht, wird er schuldig. Während eines **Schlagballturniers**, einem Kampfspiel, setzt Pilenz eine junge schwarze Katze in die Nähe des Adamsapfels, die diesen für eine Maus hält und anspringt. Mahlke erschrickt, trägt äußerlich „aber nur unbedeutende Kratzer davon" (6), innerlich ist ihm einmal mehr seine Absonderlichkeit bewusst geworden. Dieses Trauma wird erst durch den Diebstahl eines Ritterkreuzes, später durch das Töten von Menschen, das mit einem Ritterkreuz belohnt wird, behoben. Pilenz nennt kurz inhaltliche Schwerpunkte – Mahlke bedeckt seinen Adamsapfel mit einem Schraubenzieher am Schnürsenkel, Seemöwen bekommen Bedeutung, das Wetter ist sommerlich, ein Wrack ist „Ort der Handlung" (6) – und führt sie dann aus.

Der Adamsapfel

Im Wrack eines Minensuchbootes schafft sich Mahlke seit Spätsommer 1940 **seine eigene Welt,** die durch geflutete Innenräume zu erreichen ist. Mit großem Einsatz hat er das Schwimmen gelernt und überflügelt alle anderen in kurzer Zeit. Er bringt Gegenstände, die er „mit seinem Schraubenzieher abzufummeln" versteht (7), nach oben. Einiges bildet seinen Halsschmuck, zu dem ein „silbernes Kettchen" (12) mit der Jungfrau Maria und später die „markstückgroße Medaille" (21) mit der polnischen Matka Boska Czestochowska gehört. Mahlke wird ein von den Mitschülern – Esch, Pilenz, Kupka, Hotten Sonntag, Schilling und Winter – beneideter

Mahlkes Halsschmuck

Sportler. Aber seine Leistungen werden von ihm in erbärmlicher Erscheinung und „mieser Haltung" (13) vollbracht. Groß ist Mahlkes Liebe zur Jungfrau Maria, in deren Dienst er sich in der Marienkapelle stellt, wenn er nicht auf dem Wrack ist. Der Direktor der Schule Klohse, ein nationalsozialistischer Amtsleiter, verbietet Mahlke, die polnische Medaille mit der Jungfrau Maria, „die schwärzliche Silberjungfrau" (22), zu tragen und so behilft sich Mahlke „mit dem altgewohnten kleinen Amulett" (22).

II

Pilenz beschreibt Mahlkes „Mansarde voller üblichem Jungenskrimskrams" (25) in der Osterzeile 24. Eine seltene, ausgestopfte Schnee-Eule scheint Mahlke zu ähneln. Beherrscht wird das Zimmer von einem Grammofon, das Mahlke aus dem Wrack geborgen hat und mit dem er, da Platten fehlen, „Leerlauf" (27) zelebriert. Aus dem Wrack bringt er auch Konserven hoch. Von nun an trägt er, wenn auch nicht regelmäßig, zu Schraubenzieher und Madonna auch einen Büchsenöffner am Hals. Mahlke ist ein guter Schüler, aber „kein Streber" (28), „ließ jeden abschreiben, petzte nie" (28). Er ist Jungzugführer, wird aber aus dem Jungvolk geworfen, weil er sich weigert, am Sonntag Dienst anzusetzen, und in die Hitlerjugend abgeschoben, die „lascher geführt" wird (32) und wo er „untertauchen" kann. Mahlkes Entwicklung richtet sich nicht nach geschichtlichen Ereignissen, sondern nach seiner Fähigkeit zu schwimmen. Es gibt die Zeit „vor dem Freischwimmen" (33), in der Mahlke unauffällig „ein Nichts" (33) gewesen ist, und die Zeit „nach dem Freischwimmen" (33), in der er aufzufallen beginnt. Pilenz erinnert den Kriegsbeginn 1939 und das Schicksal der polnischen Flotte, zu der die *Rybitwa*, nun ein Wrack, gehörte. Sie wurde von Hela nach Neufahrwasser geschleppt und sank kurz vor dem Ziel „südöstlich" (6), „seitlich der Fahrrinne und Ansteuerungstonne Neufahrwasser" (36).

Schraubenzieher und Madonna

Die Zeit vor und die Zeit nach dem Freischwimmen

III

Mahlke, der auffallend hässlich ist[36] – das Gegenbild eines schönen Christus, der ihn „nicht besonders" (37) interessiert, umso mehr die Jungfrau Maria –, hat einen riesigen Adamsapfel. Riesig ist auch sein Penis, ordnender Ausgleich zu dem Adamsapfel – Penis und Adamsapfel bilden eine „wenn auch bizarre, dennoch ausgewogene Harmonie" (41). Gewaltig ist sein Onaniervermögen. Tulla Pokriefke, seit Sommer 1941 einziges Mädchen unter den Jungs, stachelt immer wieder einen Onanierwettbewerb an, den sie aufmerksam beobachtet. Mahlke hält sich zurück, wird aber von Tulla überzeugt und kann mit seiner Onanierleistung beeindrucken. Auf einem Tauchgang kommt Tulla fast um und schreckt seither vor dem Wrack zurück, weil sie einen „toten Mariner" (42) darin vermutet. „Mahlke machte sich nicht viel aus Tulla" (43). Ein aus dem Baltikum zu ihnen kommender adliger Mitschüler Karel karikiert Mahlke, malt sein Gesicht als „Dreieck" (45) und mit einem Heiligenschein, Mahlke als „Erlöser" (46). Der Karikaturist wird von Mahlke verprügelt. Pilenz wischte die Karikatur, die an Dürers Selbstbildnis erinnert, von der Tafel.

Onanierwettbewerb

Karikatur als „Erlöser"

Kapitel IV–VI

Mahlke macht 1941 „Puscheln" salonfähig, die Lehrer reagieren unterschiedlich darauf. Pilenz und zwei Cousinen werden Zeugen, wie Mahlke ein Eisloch auf dem Wrack schlägt. Ebenso auffällig wie seine körperlichen Leistungen ist seine Leidenschaft für die Jungfrau Maria. V: Der erste Ritterkreuzträger tritt in der Schule auf. Mahlke ist beein-

36 Vgl. dazu die genaue psychologische Beschreibung Mahlkes bei: Emil Ottinger: *Zur mehrdimensionalen Erklärung von Straftaten Jugendlicher am Beispiel der Novelle „Katz und Maus" von Günter Grass*. In: Monatsschrift für Kriminologie und Strafrechtsreform. 5/6, Köln 1962, S. 175 ff. Auch in: Gert Loschütz (Hg.): *Von Buch zu Buch – Günter Grass in der Kritik. Eine Dokumentation*. Neuwied/Berlin 1968, S. 38 ff. Die Beschreibung von Mahlke als „unschönen Jungen" ebd., S. 176.

druckt und rettet sich in „Leuchtstreifen", die er nun trägt. VI: Mahlke findet auf dem Wrack die fast unzugängliche, aber erhaltene Funkerkabine und richtet sich darin einen privaten Raum ein, der auch Züge einer Kapelle trägt.

IV

„Puscheln"

Im Winter 1941/42 führt Mahlke die „sogenannten Puscheln" (47) ein, Wollbällchen, die wie eine Krawatte getragen werden und den Adamsapfel verdecken; sie erleben nationale Verbreitung, erregen aber den Zorn des Direktors, weil sie „weibisch" (48) seien. Studienrat Brunies hingegen – dessen Geschichte an andere Stelle (*Hundejahre*) erzählt wird –, befürwortet sie; er wird später unter fadenscheinigen, „wahrscheinlich aber aus politischen Gründen" (48) verhaftet und ins KZ gebracht. Pilenz trifft mit zwei Cousinen und dem Mitschüler Schilling Mahlke auf dem überfrorenen Wrack, wo er sich bemüht, das Eis über der Luke des Vorschiffs aufzuschlagen. Er bittet die vier um Hilfe: Sie sollen in das Eis urinieren. Es gelingt ihm, über der offenen Luke ein gleich großes Eisloch zu hacken, was Pilenz am nächsten Tag bewundernd feststellt: Mahlke hat gesiegt und seine Zuschauer begeistert. Pilenz weiß um Mahlkes grenzenlose **Begeisterung für die Jungfrau Maria**: Er beobachtet als Ministrant Mahlke in der Kirche und vermutet, dass auch Mahlkes Gebetshabitus dort auf Zuschauer ausgerichtet ist.

Das Eisloch über der Luke

V

Der erste Ritterkreuzträger

In der Marienkapelle trägt Mahlke nie Puscheln; derartige Abdeckungen benötigt er vor der Jungfrau Maria nicht. Sie sind ihm nur unter den Menschen wichtig. Er legt die Puscheln auch ab, als die Schule von ihrem ersten Ritterkreuzträger besucht wird. In dessen Rede, von Pilenz als „sympathisch unbeholfene Art" (61) interpretiert, beschreibt der Leutnant sportlich eine militärische

Menschenjagd mit agrammatischen Mitteln: Der Leutnant der Luftwaffe beherrscht zwar das Töten, nicht aber die deutsche Sprache. Die Rede des Direktors dagegen besteht aus leeren Floskeln und inhaltslosen Versatzstücken, die aus **einer sinnlos gewordenen humanistischen Bildung,** die keine Verbrechen zu verhindern vermochte, stammen (Antike: *Wanderer, kommst du nach Sparta*, Schillers Reiterlied aus *Wallensteins Lager*). Dazu gehört auch „eine Lessingbüste aus Gips“ (65). Mahlke, der mit einem Ritterkreuz seinen Adamsapfel schmücken und verdecken möchte, ist von dem Orden fasziniert. Er benutzt vorläufig Leuchtplaketten, die ihn allerdings eher als Clown denn als Soldaten erscheinen lassen.

VI

Die Funkerkabine des Wracks

Die Lust der Jungen am Wrack ist gesunken. Im Sommer 1942 werden sie durch die „in Serien“ (69) von der Danziger Schichauwerft gebauten U-Boote begeistert. Mahlke rettet im Juni einen Schüler aus dem Bugraum des Wracks, der sich dort verklemmt hatte, und taucht seither wieder regelmäßig. – Von einem Tauchgang am nächsten Tag kommt Mahlke erst spät zurück. Die Schüler befürchteten schon seinen Tod, aber er berichtet, er habe die Funkerkabine des Schiffs gefunden, die über dem Wasserspiegel liege, aber nur unter dem Wasserspiegel zugänglich ist. Diesen Raum richtet er sich ein und verlegt wichtige Gegenstände seiner Mansarde in die Kabine – die dort allerdings von Feuchtigkeit und fehlender Frischluft von Zerstörung bedroht sind – und spielt von dorther seinen Mitschülern Musik vor, darunter Beethovens 5. Sinfonie, die Schicksalssinfonie. Zudem entsteht **eine Art Kapelle** mit einem Bild der Sixtinischen Madonna in dieser Kabine des Wracks. Das „Sinnlose und bewußt Zerstörerische“ (76) bei Mahlkes Umzug in die Kabine bewundern die Jungen.

Kapitel VII

Ein weiterer Ritterkreuzträger, Kapitänleutnant zur See und U-Boot-Kommandant, besucht das Gymnasium. Während er nach seiner Rede, die den Krieg in kitschige Naturbeschreibungen und -vergleiche verändert, am Sportunterricht teilnimmt, wird das Ritterkreuz gestohlen. Man verdächtigt einen Schüler, der auch vom Lehrer geschlagen wird, aber Untersuchungen ergeben nichts. Das Kapitel ist Zentrum der Novelle.

VII

Mahlke stiehlt ein Ritterkreuz

Der nächste Ritterkreuzträger, der vor den großen Ferien im Sommer 1942 in die Schule kommt, ist ein Kapitänleutnant zur See. Seine Rede in der Aula, an der auch Mädchen der Gudrun-Schule teilnehmen, wird vom Direktor eingeleitet. Er bietet wiederum ein Sammelsurium von Versatzstücken humanistischer Bildung mit patriotischem Ziel, diesmal von Ernst Moritz Arndt und Johann Gottlieb Fichte bezogen. Der Held sei aus dem „Geist" des Gymnasiums (82) hervorgegangen. Die Rede des Ritterkreuzträgers ist voller schwülstiger, teils peinlicher Naturbeschreibungen und -vergleiche, so wenn er das U-Boot mit einer Braut vergleicht, die Heckwelle mit einer „kostbar wallenden Spitzenschleppe" (84) und den Treffer auf dem anvisierten Schiff als „todbringende Hochzeit" (85). Während der Kapitänleutnant anschließend am Sportunterricht teilnimmt, stiehlt Mahlke im Umkleideraum das Ritterkreuz. Die Suche ist intensiv, konzentriert sich auf den Schüler Buschmann, der auch vom Lehrer Ohrfeigen erhält und mit Lächeln darauf reagiert, aber vergeblich. Der inzwischen misslaunige Offizier verkündet, er werde „die ärgerliche Geschichte dem Direktor der Schule übergeben" (95), und geht.

Lars Brandt als Mahlke in dem Film *Katz und Maus*, 1966 entstanden
© ullstein bild – Röhnert

Kapitel VIII–X

Der Ritterkreuzträger kauft sich ein neues Ritterkreuz. Pilenz, der Mahlke zum „Großen Mahlke" erhöht hat, berichtet ausführlicher über sich. Er wird von den anderen auf das Wrack zu Mahlke geschickt, der auf dem nackten Körper das Ritterkreuz trägt. Er bringt es dem Direktor Klohse und wird an eine andere Schule strafversetzt. IX: Nach den großen Ferien ist Mahlke im Wehrertüchtigungslager. Pilenz trifft ihn in der Kirche wieder, besucht ihn auch am 3. Advent zu Hause. Man spricht über den Krieg, Schlachtschiffe und den Vater. X: Pilenz wird Luftwaffenhelfer, Mahlke ist zum Reichsarbeitsdienst einberu-

fen. Während eines Besuchs in Oliva trifft Pilenz Mahlke; sie haben sich einander entfremdet. Pilenz wird zum Arbeitsdienst eingezogen; Mahlke schreibt von zahlreichen Panzerabschüssen nach Hause.

VIII

Pilenz, der Erzähler

Der Kapitänleutnant kauft sich einen neuen Orden. Mahlke aber heißt von nun an unter seinen Mitschülern der „Große Mahlke". Militärische Erfolge werden genannt, in Afrika siegt Rommel (Torbruk wird eingenommen, Vormarsch bis El Alamein, 123). Schüler melden sich freiwillig zur Armee, Mahlke nicht. Tulla, die erste weibliche Formen zeigt, sitzt Pilenz wie auch den anderen Jungen als „Splitter im Fleisch" (100). Pilenz soll Mahlke auf das Wrack nachschwimmen. „Zwischen zwei Stößen" (100) berichtet der Erzähler über sich selbst, seine Tätigkeit als Sekretär im Kolpinghaus, seine Lektüre (u. a. Böll) und die Rolle des Paters Alban bei der Aufarbeitung der Geschichte. Er bestimmt in der Erinnerung seine **Beziehung zu Mahlke.** Auf dem Wrack sitzt Mahlke, nackt – „Erlösermiene" (104) –, nur den gestohlenen Orden am Hals: „Es sah komisch aus." (104) Beide geben sich in dieser Situation ausgefallener „Albernheit" (105) hin. Pilenz rät, den Orden in Mahlkes Funkraum auf dem Wrack zu lassen und wird dadurch wiederum schuldig, denn nun weiß Mahlke, er wird den Orden öffentlich nicht tragen können (Pilenz sagt zu Pater Alban: „War es nun meine Schuld, wenn Mahlke später ..." und meint damit Mahlkes Taten zum rechtmäßigen Erwerb des Ordens, 106). Mahlke nimmt den Orden mit an Land und bringt ihn dem Direktor Klohse. Der erklärt den Schülern, „Unerhörtes" (109) habe sich zugetragen und zitiert damit indirekt Goethes Novellenbestimmung. Mahlke wird vom Conradinum in die Horst-Wessel-Oberschule strafversetzt.

Mahlkes Strafversetzung

IX

In den Sommerferien und im Herbst 1942 fehlt Mahlke; er ist in „einem sogenannten Wehrertüchtigungslager" (113). Seine Mitschüler haben keine Freude mehr am Wrack. Dafür wird eine jüngere Gruppe aktiv, deren Anführer Störtebeker genannt wird. Pilenz ist froh, dass er aus der selbst gewählten Abhängigkeit von Mahlke befreit ist. Dennoch sucht er ihn in der Kirche und bietet sich deshalb wieder als Ministrant (Messdiener) an. Dort trifft er Mahlke wieder. Er hat keinen Halsschmuck mehr, sei **Christus ähnlicher geworden** („Er hätte als Jesus auftreten können", 115) und betreibe nach Hochwürden Gusewski „Marienkult", der „an heidnischen Götzendienst" (117) grenze. Mahlke hat sich, wie er Pilenz erzählt, freiwillig zum Militär gemeldet und mit seiner Vergangenheit auf dem Wrack gebrochen. Am dritten Advent folgt Pilenz Mahlkes Einladung nach Hause. Mahlkes Mutter und Tante sind bei dem Besuch dabei und wollen sich mit Pilenz über dessen private Verhältnisse unterhalten, werden aber im Gespräch von Mahlke auf die „Frontlage" (123) und vor allem auf Schlachtschiffe gelenkt. Dem Erzähler Pilenz kommen Zweifel, wer die Geschichte erfunden hat und wer sie erzählt (124), also Selbstzweifel. Beim Abschied erklärt Mahlke ein Foto, auf dem sein Vater zu sehen ist, der 1934 bei einem Unfalltod „das Schlimmste verhüten" konnte und „nachträglich eine Medaille" (125) bekam, sicher ein stimulierender Vorgang für die Ordenssehnsucht Mahlkes.

Mahlkes Marienkult

Störtebeker

X

Pilenz wird 1943 mit seinen Freunden Luftwaffenhelfer in der Strandbatterie Brösen-Glettkau. Er erfährt, dass Mahlke beim Reichsarbeitsdienst ist und in der Tuchler Heide liegt. Pilenz trifft Mahlke nach einem Besuch im Lazarett Oliva wie in einem Panoptikum: Er begegnet Gebirgsjägern und Krankenschwestern, die

„kicherten flüsterten kicherten“, dann einem „humpelnden lachenden humpelnden“ Leutnant zwischen Krankenschwestern (127), dann Oskar Matzerath aus der *Blechtrommel* zwischen zwei Großmüttern, schließlich taucht aus „februargrauem Dornentunnel“ (128) Mahlke auf. Auffallend ist der Arbeitsdiensthut, „ein Unikum an Häßlichkeit“ und als „Arsch mit Griff“ (128) bezeichnet. Durch ihn wird die Aufmerksamkeit von Mahlkes Adamsapfel abgelenkt. Oskar Matzerath schlägt „einen magisch schmeckenden Halbkreis“ (129) um beide. Das Gespräch verläuft beiläufig, fast marionettenhaft („ich mußte genagelt auf seine Kopfbedeckung starren“, 128). – Danach sieht Pilenz Mahlke längere Zeit nicht. Das Interesse an dem Wrack ist verloren gegangen. Er macht das Abitur, bekommt die Einberufung zum Arbeitsdienst, macht Abschiedsbesuche und trifft Mahlkes Tante, die ihm einen Brief ihres Neffen zu lesen gibt, in dem er um Gebete bei der Jungfrau und dem Heiligen Judas Thaddäus bittet und in dem von vielen Panzerabschüssen die Rede ist.

Oskar Matzerath

Kapitel XI–XIII

Bei Pilenz trauert die Mutter um den gefallenen Bruder. Ehe Pilenz gegen diesen Kult aus Eifersucht aufbegehren kann, wird er eingezogen. In der Tuchler Heide findet er Hinweise auf Mahlke, erfährt von dessen „faustdicken Geschichten“ (140) und von der Auszeichnung mit dem Ritterkreuz. XII: Pilenz kehrt nach Danzig zurück und trifft im Conradinum auf Mahlke, der dort als Ritterkreuzträger einen Vortrag halten will. Klohse lehnt das wegen des einstigen Diebstahls ab; Pilenz vermittelt andere Redemöglichkeiten, die Mahlke ablehnt. Er ohrfeigt Klohse und überschreitet seinen Urlaub. XIII: Mahlke ist nun Deserteur und feiert mit Pilenz das Sakrament. Er verschwindet im Wrack, taucht nicht wieder auf, und Pilenz sucht noch nach dem Ende des Krieges nach ihm, ohne ihn zu finden.

XI

In Pilenz' Haus hat die Mutter, die „intime Verhältnisse zumeist mit Militärdienstgraden" (123) unterhält, für den gefallenen Bruder „Altarähnliches" (136) aufgebaut. Pilenz entgeht dieser bedrückenden Situation, gegen die er aufbegehren möchte, da er zum Arbeitsdienst in die Tuchler Heide eingezogen wird. Dort findet er in der Latrinenwand Mahlkes Namen und seine Lieblingssequenz „Stabat Mater dolorosa" eingekerbt. Beides hackt er, weil er sich wiederum von Mahlke bestimmt sieht, mit einem Beil aus dem Brett. Trotzdem ist die Erinnerung nicht zu beseitigen („die alte Mär vom unverkäuflichen Flecken", 139), denn überall spricht man von **Mahlkes „dolle(n) Dinge(n)"** (140), die von wildem Sex mit der Frau des Chefs bis zur Entdeckung eines unterirdischen Bunkermagazins der Partisanen reichen. Zuerst nur für einen kleinen Orden vorgeschlagen, soll er nach zahlreichen Panzerabschüssen das Ritterkreuz erhalten. Pilenz, Kupka und Bansemer erinnern sich an ihre Erlebnisse mit Mahlke und gehen bis zum Beginn, Katz und Maus, zurück.

„Stabat Mater dolorosa"

XII

Nach Abschluss seines Dienstes kehrt Pilenz nach Danzig zurück und sucht „widersinnig aber versessen" (145) nach Mahlke. Im Gymnasium – „Lessing in der Nische" (146) – trifft er ihn tatsächlich, denn nach der Verleihung des Ordens möchte Mahlke seine Rede in der Aula mit Klohse absprechen. Die Rede wird ihm unter Hinweis auf die Schulordnung verwehrt, weil er einst das Ritterkreuz gestohlen hat. Pilenz fühlt darüber Triumph: Während seines Erzählens entlarvt er sich als hinterhältiger, heuchlerischer Freund Mahlkes, der dessen Niederlagen mitgestaltet und sich an ihnen erfreut; beiläufig erfährt man, dass Brunies im KZ (Stutthof, 151) ist. Andere von Pilenz besorgte Redeangebote, so bei der Horst-Wessel-Oberschule, HJ, katholischen Kirche und der Bande Störte-

Pilenz' Selbstentlarvung

bekers, schlägt Mahlke aus. Dafür lauert er gemeinsam mit Pilenz Klohse auf und ohrfeigt ihn. – Die Gespräche wechseln von „Banalem“ „über Kriegsschiffe und ihre Panzerstärke“ zur „Religion und den sogenannten letzten Fragen“ (156 f.). Sie gipfeln in Mahlkes Bekenntnis, Gott für Schwindel zu halten. Pilenz empfiehlt Mahlke, es mit Tulla zu versuchen, die beide schemenhaft als Schaffnerin in einer Straßenbahn zu sehen glauben. Mahlke und Pilenz verabreden sich am nächsten Morgen zur Messe. Mahlke steigt in die Straßenbahn ein, sein Urlaub ist zu dieser Zeit abgelaufen.

XIII

Mahlke als Deserteur

Mahlke ist nun Deserteur. Er feiert mit Pilenz und Hochwürden Gusewski das Bußsakrament. Mahlke sucht ein Versteck; Pilenz empfiehlt ihm das Wrack. Während Mahlke zum verkleinerten Ab-, aber auch Zerrbild Adams und Christi gerät, wird Pilenz zum schäbigen Verräter, der Mahlke so lenkt, dass sein Untergang wahrscheinlich wird. Schließlich lügt er ihm vor, man habe zu Hause schon zweimal nach ihm gefragt und seine Mutter abgeholt, nach Hochstrieß, dort sind die Polizeikasernen. Da Mahlke behauptet, wegen Bauchschmerzen nicht schwimmen zu können, mietet Pilenz ein Boot. Um Mahlke ins Boot zu bringen, muss Pilenz ihn treten. Er dominiert über den scheinbar unbesiegbaren Gegner. Nun hält Mahlke die Rede, die er vor den Schülern halten wollte und in der er berichtet, wie die Jungfrau Maria ihn durch ihr Erscheinen zu den Abschüssen befähigt habe. Der Marienkult hat ihm zum Heldentum verholfen. Er schoß die Panzer ab, weil er auf Marias Unterleib zielte, mit dem sie sich, zusätzlich das Bild seines Vaters haltend, vor die feindlichen Panzer stellte. Als Mahlke seine letzte Zuflucht, seine Privatkapelle auf dem Wrack, aufsucht, versteckt Pilenz den Büchsenöffner, ohne den Mahlke verhungern wird. Mahlke verschwindet ins Unbekannte, möglicherweise für immer in jenem Wrack, das die Gymnasiasten einst beschäftigte. Zu Hause findet Pilenz seinen Einberufungsbefehl vor; von Brösen aus beobachtet er nochmals das Wrack, auf dem sich nichts rührt.

Pilenz versteckt den Büchsenöffner

Pilenz sucht seither nach Mahlke, unter den Clowns der Zirkusse ebenso wie bei den Treffen der Ritterkreuzträger nach dem Zweiten Weltkrieg. Indem er den Gesuchten anspricht, schließt er seine Beichte, ohne einen guten Schluss zu finden: „Aber Du wolltest nicht auftauchen.“ (179)

3.3 Aufbau

ZUSAMMEN-FASSUNG

Katz und Maus hat als klassische Novelle in dem Sprung der Katze auf Mahlkes Adamsapfel ihr Dingsymbol und ihre „unerhörte Begebenheit“ (Goethe), die alle anderen nach sich zieht. Daraus ergeben sich synonymische Reihen zu „Katz“ und „Maus“. Der Titel, die bedeutungsvollen Zahlen 13 und 7 sowie die Kapiteleinteilung unterstützen die Novellenstruktur. Eine steigende und eine fallende Handlung, gebunden an Mahlke und Pilenz, weisen auf den dramatischen Charakter der Novelle hin. In Anbetracht der Verbrechen, in die Pilenz, Mahlke und ihre Generation verwickelt wurden, erweist es sich am Ende als unmöglich, einen „guten Schluss“ zu schreiben.

Die klassische Novelle

Erneuerung der Novellenform

Der Verlag hatte im Klappentext der Erstausgabe angegeben, Grass würde die Form der Novelle mit *Katz und Maus* erneuern. Die übliche Anlage, dass sich der Erzähler einer Novelle aus dem Geschehen heraushält oder ihm sogar objektivierend gegenübertritt (Boccaccio, Goethe), wurde bei Grass aufgegeben: Zwar bemüht sich Pilenz um Neutralität und Objektivität, beides ist ihm aber charakterlich und ästhetisch nicht möglich, weil er am Geschehen beteiligt ist, es teilweise sogar ausgelöst hat.

Es handelt sich um eine klassisch gebaute **Novelle**, die bekannte Merkmale aufweist:

→ pointiert ablaufende merkwürdige Handlung,

→ durch ein Dingsymbol auch „Falkensymbol“[37] (nach Paul Heyse) organisiert,
→ streng gegliedert,
→ spannend,
→ oft mit Rahmenhandlung versehen,
→ durch Motivketten organisiert.

Die „unerhörte Begebenheit“

Die „unerhörte Begebenheit“ (Goethe) wird zitiert: „Unerhörtes habe sich zugetragen“ (109), sagt Klohse und meint den Diebstahl des Ritterkreuzes. Aber die „sich ereignete, unerhörte Begebenheit“ (Goethe zu Eckermann am 25. 1. 1827) ist der Sprung der Katze nach der Maus, Mahlkes Adamsapfel. Damit beginnt die Animalisierung des Menschen und die sich entwickelnde Bereitschaft zu Verbrechen und Krieg. Sie lässt andere Begebenheiten ebenso unerhört werden, wie den Diebstahl des Ritterkreuzes. Das Besondere der Novelle ist, dass **die auslösende unerhörte Begebenheit fortlaufend Unerhörtes erzeugt**, das in der Binnenhandlung mit Mahlkes Verschwinden eine letzte Ausformung erfährt, in der Rahmenhandlung aber mit der nach den nationalsozialistischen Verbrechen fortdauernden Ehrung der Ritterkreuzträger bis in die Gegenwart Unerhörtes leistet.

13 Kapitel

Die Novelle ist in dreizehn Kapitel gegliedert. In sechs Kapiteln steigt die Handlung bis zum entscheidenden 7. Kapitel an (Diebstahl des Ritterkreuzes). Es folgt eine fallende Handlung, die in der Katastrophe (XIII) mündet; die Novelle hat einen **dramatischen Charakter**.

---

37 Der Schriftsteller Paul Heyse beschrieb in der *Einleitung* zum *Deutschen Novellenschatz* (1871) als charakteristisch für eine Novelle einen „Falken“ nach Boccacios *Falkennovelle* (in: Das Dekameron, 5. Tag, 9. Geschichte), der als Symbol den gesamten Text bestimmt. Der Falke sei „das Spezifische, das diese Geschichte von tausend anderen unterscheidet“. Bei Grass ist der „Falke“ oder das Dingsymbol Mahlkes Adamsapfel.

Die unerhörten Begebenheiten summieren sich aus Mahlkes verzweifeltem Kampf, seine Andersartigkeit zu verdecken und sich den vorgegebenen Normen anzupassen, weil Andersartigkeit in der zeitgenössischen Öffentlichkeit nicht geduldet wird. Zwar gelingt ihm der Einstieg in die Normalität, aber ihr Erscheinungsbild ist stets die Verzerrung des Gewohnten, so dass eine erneute Andersartigkeit entsteht: Er schafft zwei Kniewellen mehr als der beste Turner Hotten Sonntag, „würgte" (13) diese aber; über das Langpferd „segelte (er) krumm und grobknochig" und landete mit „verrutschter Jungfrau" am Hals (13).

Der Höhepunkt

Der Höhepunkt wird im Kapitel VII erreicht: Patriotische Versatzstücke, versenkte Schiffe mit lateinischen Vokabeln verklärt (84) und Töten durch Ritterkreuze erhoben, bilden das Heldenpanorama; zum Kitsch geratende Beschreibungen der U-Boot-Fahrten, Mahlkes Diebstahl des Ritterkreuzes, eine „im mystischen Licht" zur „Priesterweihe oder Firmung" geratende Sportstunde (89) und ein den falschen Verdächtigen prügelnder Lehrer konterkarieren dieses Panorama und entlarven das **Heldentum als Schmierentheater**.

Synonymische Reihen

Die Katze ist Partner und Gegner von Mahlke/Adam; die paradiesische Konstellation von Eva und Adam wiederholt sich auf niedriger, unmenschlich gewordener Ebene. Die Wörter „Adamsapfel" und „Katze" werden kontinuierlich im Textverlauf wiederholt und sind als „Katz und Maus" das poetische Leitmotiv. Zu beiden Begriffen entstehen **synonymische Reihen:**

Synonymische Reihen zu „Katze" und „Maus"

1. **Adamsapfel/Ritterkreuz als männliches Element**: Dingslamdei, Bonbon, Ding am Hals, unaussprechlicher Orden, Ding mit dem Drussel, Metallbonbon, Apparat, das Stück Eisen, Orden, „des

guten alten Schinkel Ausgeburt", „galvanisierter Vierklee" usw. (146). Die synonymische Reihe für das Ritterkreuz, das erst am Ende (179) und nur ein einziges Mal korrekt genannt wird, ist umfangreich.

2. **Katze als weibliches Element**: schwarze Katze, Katze an seinem Hals, graues Biest, ausgestopftes Säugetier, graue Katze, ausgestopfte Katzen, Hauskatze usw. Die synonymische Reihe „Katze" korrespondiert mit Eva und der Jungfrau Maria. Marias wegen hat Mahlke „alles, was sich am Hals tragen und zeigen ließ, in die Marienkirche geschleppt" (42).

Die Gegenwarts- und Vergangenheitshandlung überschneiden sich im Erzählen: Pilenz steht in einer Ich-Erzählsituation. Sie unterscheidet sich von der auktorialen Erzählsituation dadurch, dass der Erzähler einerseits vieles zusammenschauend darstellen kann, aber auch selbst Teil des Erzählten ist. Er lässt den Leser seine Gegenwart von 1960, seine Einsamkeit und seine Gespräche mit dem Pater Alban miterleben. Er berichtet von seiner Begeisterung für Mahlke, Folge seiner fast fanatischen Unterwürfigkeit, und seiner Schuld, die sich aus dem Hass gegen Mahlke ergab. Für den Leser vollzieht sich der Bericht als schriftliche Beichte („Ich ... muß nun schreiben.", 6) und als eine Analyse von Pilenz' Psyche. Die Novelle wird zum Tatbericht.

Das Begriffspaar des Titels

Eine **Orientierung für den Leser** ist das oft benutzte Begriffspaar des Titels: Es ist die idiomatische Redewendung „Katz und Maus". Der Verzicht auf das auslautende „e" bei „Katze" deutet an, dass es nicht um die Beziehung zwischen Tieren geht, sondern um ein durch sie allegorisch beschreibbares Verhalten zwischen Starkem und Schwachem, Jäger und Gejagtem. Mahlke wird frühzeitig zur „Maus" stilisiert, obwohl er versucht, sich als Starker und Jäger zu profilieren. Er erwirbt das Ritterkreuz, bleibt aber ein Gejagter.

Die Redewendung ist auch der Titel eines Kinderspiels, in dem die Chancen gleichmäßig verteilt sind: Katz und Maus tragen Augenbinden und folgen den Weisungen ihrer Trainer, um entweder die Maus zu fangen oder der Katze durch die Flucht ins Mauseloch zu entkommen. Auch Mahlke entkommt letztendlich in das Wrack, verschwindet, wird aber von Pilenz als ein Auftauchender, ein Auferstehender erwartet.

Bedeutung der Zahlen

Folgt man den Symbolen der Novelle, vor allem den christlich intendierten, wird die **Dreizehn** (Zahl der Kapitel) wesentlich und kann ihre Bedeutung **als Unglückszahl** bestätigen. Die Formulierung „der Dreizehnte bei Tisch zu sein" ist sowohl aus Märchen wie vom biblischen Abendmahl bekannt. Sind es im Märchen *Dornröschen* zwölf Feen, bei denen die dreizehnte keinen Platz hat, so ist beim letzten Abendmahl Judas der Dreizehnte bei Tisch (zwölf Jünger und Christus). Der Judas der Novelle ist Pilenz, der in dreizehn Kapiteln erzählt; es ist eine Geschichte des Unglücks, sowohl im individuellen Leben (Mahlkes Unglück) als auch im politisch-gesellschaftlichen (Deutschlands Unglück).

Als zweite Zahl ist die **Sieben** von Bedeutung, denn im 7. Kapitel befindet sich der Höhepunkt der Novelle, das Kapitel hat eine besondere Bedeutung. Es steht in der Mitte, bringt eine Liste traditioneller geistiger Anschlüsse und Einbindungen, von Walter Flex bis zu den von Fichte und Arndt herzuleitenden völkischen Traditionen, und zeichnet die Austauschbarkeit aller Werte und den abschließenden Verlust dieser Werte nach. Die Sieben wirkt märchenhaft geheimnisvoll. Die Geschichte handelt von sieben Jungen, von denen sechs den siebenten, Mahlke, bewundern. Das ist nicht nur eine säkularisierte Hälfte der christlichen Jünger (sechs Jungen und Mahlke), sondern Mahlkes Lieblingsgesang „Stabat Mater dolorosa" erinnert an das Fest der Sieben Schmerzen Mariä. Mahlke beherrscht den Hechtsprung über sieben Mann (88). Sieben oder acht Gläubige sind in der Kirche (159), als Mahlke sein letztes Abendmahl nimmt. Die Zahlen Dreizehn und Sieben signalisieren die **Spanne von christlichem Heil, Auferstehung und Erlösung bis zu säkularer Vernichtung, Schmerzen und Zerstörung** (Wrack).

Wrack und Straßenbahn – ein reziprokes Verhältnis

Wie die zwei Zahlen stehen sich auch zwei Fahrzeuge gegenüber und bedingen den unterschiedlichen Verlauf: Das Wrack des Minensuchbootes und die Straßenbahn stehen für insular-individuel-

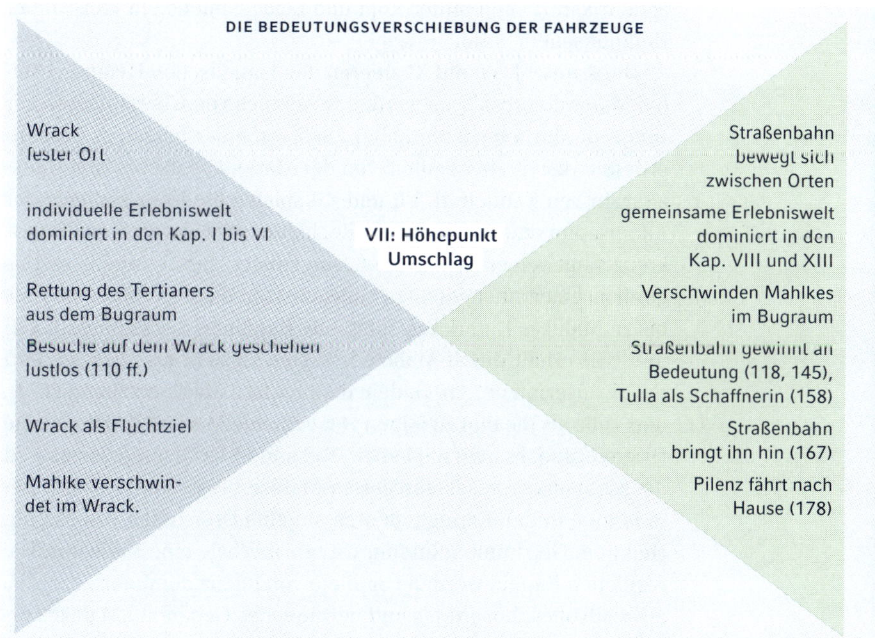

les und sozialisiert-gemeinschaftliches Erleben („Auf dem hinteren Perron standen wir eingekeilt.“, 107).

Christliche Themen und Motive

Die Kapitel lassen bevorzugt Themen und Motive christlicher Herkunft erkennen. Sie verweisen auf Christi Leidensgeschichte, die säkularisiert und Mahlke aufgelegt wird: Er wird mit Kreuz – auf seinem Kopf „kreuzte“ sich der Scheitel mit dem „Blechbügel“ (51) der Ohrenschützer – und Heiligenschein versehen. Am Schluss trägt er neben dem umschriebenen Ritterkreuz „beide Kreuze“ (147), gemeint sind die Eisernen Kreuze 1. und 2. Klasse. Durch die Verkürzung werden sie jedoch überhöht. Ein Mitschüler zeichnet ihn als Karikatur: „und hinter Kopf und Leidensmiene ein kreisrunder Heiligenschein“ (46).

Die Kapitel I, VI und XI zitieren den katholischen Hymnus „Stabat Mater dolorosa“; sie werden wesentlich von Überlegungen zur Jungfrau Maria bestimmt, aber auch von einer fallenden Größenordnung der Kirchenbauten: von der Marienkapelle bis zum Hausaltar. In den Kapiteln II, VII und XII spielen die Kreuzsymbole/der Adamsapfel eine besondere Rolle, beide werden durch das Ritterkreuz samt seiner Synonyme („Dinglamdei“ usw.) dominiert. Das gerät zu einer aufsteigenden Linie, die vom Büchsenöffner am Hals bis zu Mahlkes Ritterkreuz führt. Die Handlung der Kapitel III, VIII und XIII erhält durch Mahlke und sein Gesicht als „Erlöser“(46) mit „Erlösermiene“ (104), dem die Jungfrau Maria erscheint (170), und Tulla als die ihm zu folgen versuchende Maria Magdalena eine Orientierung; es geht um Leben, Tod und Auferstehung. Hier steigt die Symbolik vom säkularisierten Mahlke bis zu Maria. Diese Betonungen in den Kapiteln deuten auf eine Dreieinheit von Mutter, Heiligem Geist und Sohn hin, wirken aber wie eine Karikatur. Die restlichen Kapitel werden vor allem von Pilenz dominiert, der sich als neidvolles, bösartiges und betrügendes Gegenbild Mahlkes erweist, der Mahlke planmäßig verrät und in die Unterwelt verdammt.

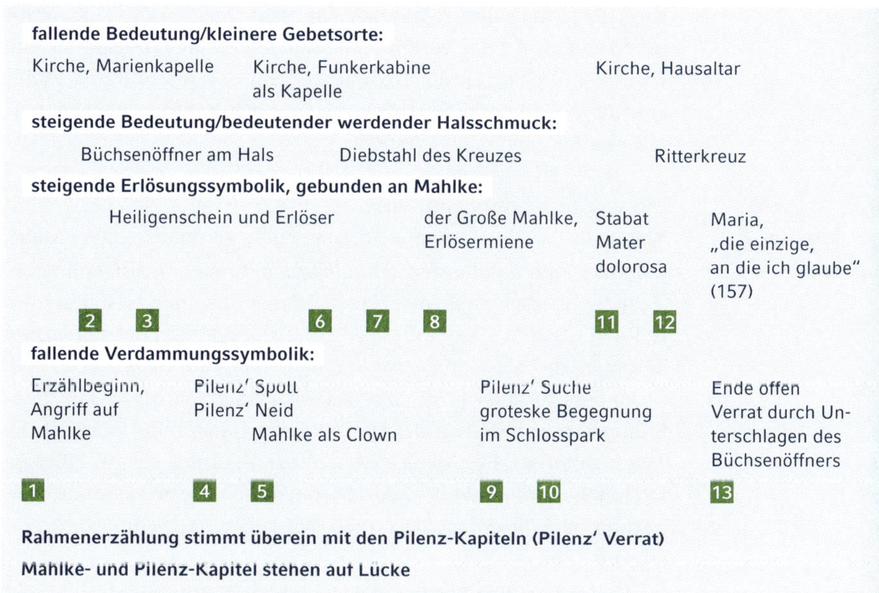

In der obigen Grafik werden diese gegenläufigen Bewegungen erkennbar, auch die besondere Bedeutung des Büchsenöffners für die Novelle (Kapitel II, 31 und XIII, 175): Er ist ein entscheidendes Hoffnungssymbol.

Mahlkes Adamsapfel

Der Adamsapfel ist das zentrale Motiv der Novelle; es organisiert sie und öffnet sie gleichzeitig in das Umfeld mythischer Beziehungen. Der Begriff wird abgeleitet von jenem Apfelbissen, der Adam im Halse stecken geblieben ist, nachdem er auf Evas Rat hin das göttliche Verbot gebrochen und in den Apfel gebissen hatte. Mahlkes Adamsapfel ist ein Hinweis auf den biblischen Sündenfall und den ihm folgenden Eintritt in die paradieslose Welt. Die Novelle wird, folgt man dieser Überlegung, zum Beispiel für eine verlorene Heimat, für das verlorene kindliche Paradies. Diese Vorgabe wird mannigfaltig in der Novelle bedient, vor allem durch Mahlkes Marienkult und Pilenz‘ Schuld, die er als katholischer Kolping-Mitarbeiter zu sühnen versucht.

Mahlkes Lieblingssequenz

„Stabat Mater dolorosa"

Mahlkes „Lieblingssequenz" (21) aus dem Hymnus „Stabat Mater dolorosa" spielt unter den zahlreichen literarischen Anspielungen, Zitaten und auch unbewusst entstandenen Bezügen eine besondere Rolle. „Stabat Mater dolorosa" ist ein Gesangtext in lateinischen Terzinen, der als sogenannte Sequenz in der katholischen Kirche, besonders an dem Feste der Sieben Schmerzen Mariä (15. September), gesungen wurde. Die bildliche Darstellung dazu ist die Mater Dolorosa. Für Mahlke ist der Text Ausdruck seines außergewöhnlichen Marienkultes, der die Entsprechung zur eigenen Steigerung zur Erlösergestalt ist. Diese wird über eine Symbolkette entwickelt:

Zuerst wird am Ende des ersten Kapitels aus dem Text zitiert, ohne dass der Hymnus genannt würde. Nachdem Mahlke seine private Marienkapelle auf dem Wrack eingerichtet hat, spricht er „alle zehn Strophen" und wird von seinen Mitschülern gebeten, das „Stabat Mater" zu wiederholen (VI. Kapitel). Im XI. Kapitel findet der Erzähler in ein Kiefernbrett gekerbt Mahlkes Namen und den Anfang von Mahlkes „Lieblingssequenz" (138). Die Inschrift ähnelt einer Verfasserangabe: Mahlke, *Stabat Mater dolorosa*. – Am deutlichsten wird aber der Versuch, sich gegen die faschistische Zeit zu stellen, an der Wahl des Ortes: Das Zitat findet sich auf der Latrine des Arbeitsdienstes, in dem erst Mahlke, ein Jahr später Pilenz Dienst tun. Es ist Mahlkes Versuch und wird auch von Pilenz so verstanden („Mahlke konnte nicht spotten.", 129), sich durch die Erinnerung an die Sieben Schmerzen Mariä von Vernichtung, Verderben und Verbrechen zu distanzieren.

Der fehlende „gute" Schluss

Der Haubentaucher

Einen „guten Schluss" für die Novelle zu schreiben ist Pilenz nicht in der Lage: „Wer schreibt mir einen guten Schluss? Denn, was mit Katze und Maus begann, quält mich heute als Haubentaucher (...)" (178). Der erzählerische Aufwand ist groß: Acht Mal wird ultimativ „Also" gesagt (176 ff.); dennoch entsteht kein Schluss. Das Ende der Novelle hält eine zusätzliche Überraschung bereit: Pilenz löst das Tier des Beginns, die Katze, ab durch den Haubentaucher. Er steht für immer erneutes Auftauchen, Auferstehen, für die Überwindung der Gegensätze. So bleibt am Ende ein wenig Hoffnung, dass der Gejagte aufersteht, die Vergangenheit doch noch besiegt wird und damit wirklich ein Schluss geschrieben werden kann. Der Haubentaucher[38] als Sinnbild eines möglichen Ausgleichs steht später im Roman *Ein weites Feld* (1995) an zentraler Stelle. Aber der Ausgleich ist immer noch nicht erreicht.

Schwankende Erzählsituation

Die Unfähigkeit zum Abschluss ist einmal aus der Identität von Erzähler und Betroffenem entstanden, die zu einer schwankenden Erzählsituation führt. Er spricht einerseits im inneren Monolog personalen Erzählens (der Leser nimmt ohne jede distanzierende Kommentierung am Schicksal der erzählten und erzählenden Figur, in diesem Falle Pilenz', teil); er streift andererseits die Ich-

---

38 Auch in den *Hundejahren* hat der Haubentaucher seinen Auftritt oder besser: Er hat ihn nicht. Zur Taufe des späteren Vogelscheuchenerfinders Walter Matern werden die Taufgäste von zahllosen Vögeln bedroht, die sich so gegen ihren kommenden Feind zu wehren versuchen. Möwen, Dommeln, Krähen, Enten, kurz gesagt, alle haben sich gegen die Taufgesellschaft verbündet, nur die Haubentaucher waren weg. Angriff war nicht ihre Sache, Ausgleich suchten sie. Als solches Symbol wurden sie frühzeitig in Grass' Werk eingeführt, um aber erst in *Ein weites Feld* einen Höhepunkt zu erreichen: Haubentaucher sind in Grass' Werk Zeichen eines Ausgleichs zwischen Extremen, aber auch Zeichen von Utopien wie einer Auferstehung. Planmäßigkeit ist nicht ihre Art.

Erzählsituation, in der der Erzähler über den inneren Monolog hinausgehen kann, also auch von anderen Personen und Vorgängen berichtet, selbst aber immer Objekt des Erzählten ist. Der Text macht diese Unsicherheit des Erzählers deutlich, wenn Pilenz sagt: „(...) doch soll nicht von mir die Rede sein, sondern von Mahlke oder von Mahlke und mir, aber immer im Hinblick auf Mahlke“ (25). Das stammt aus der Tradition, in die sich Grass gern stellt und die er in den pikaresken spanischen, französischen und deutschen Romanen sieht. Nachdrücklich weist er darauf hin, dass diese Traditionen nicht nur europäischer Herkunft sind, sondern auch auf maurischen und morgenländischen, vor allem arabischen Grundlagen stehen.

Misslingender Erlösungsversuch

Indem Pilenz **den „guten Schluss“** vermisst, gesteht er sein Scheitern, aber auch das Mahlkes ein. Das wird in einem Motiv deutlich. Als Tulla Mahlke zum Onanieren zu verführen versucht, reagiert er mit einer fast segnenden Bewegung: Er „wischte Tulla links rechts mit Handfläche und Handrücken das kleine und gedrängt gezeichnete Gesicht“ (40). Als am Ende die Selbstrettung scheitert, straft er den Gegner Klohse: Er „schlug wortlos, links rechts, mit Handrücken und Handfläche, in des Oberstudienrates rasiertes Gesicht“ (155). – Die Christusähnlichkeit Mahlkes kippt und wird endgültig einem Clown ähnlich, als Mahlkes Erlösungsversuch misslingt. Der letzte Satz der Novelle lautet: „Aber Du wolltest nicht auftauchen.“ (179) Er steht im Gegensatz zur Auferstehung.[39] An einem Freitag, erinnernd an Karfreitag, verschwindet Mahlke im Wasser; seit diesem Freitag weiß Pilenz, „was Stille ist“ (176).

---

39 Vgl. dazu Neuhaus: *Schreiben gegen die verstreichende Zeit*, S. 88, und ders.: *Günter Grass*. In: KLG (Kritisches Lexikon zur deutschsprachigen Gegenwartsliteratur), München, 31. Nachlieferung 1989, S. 10.

Örtlichkeiten

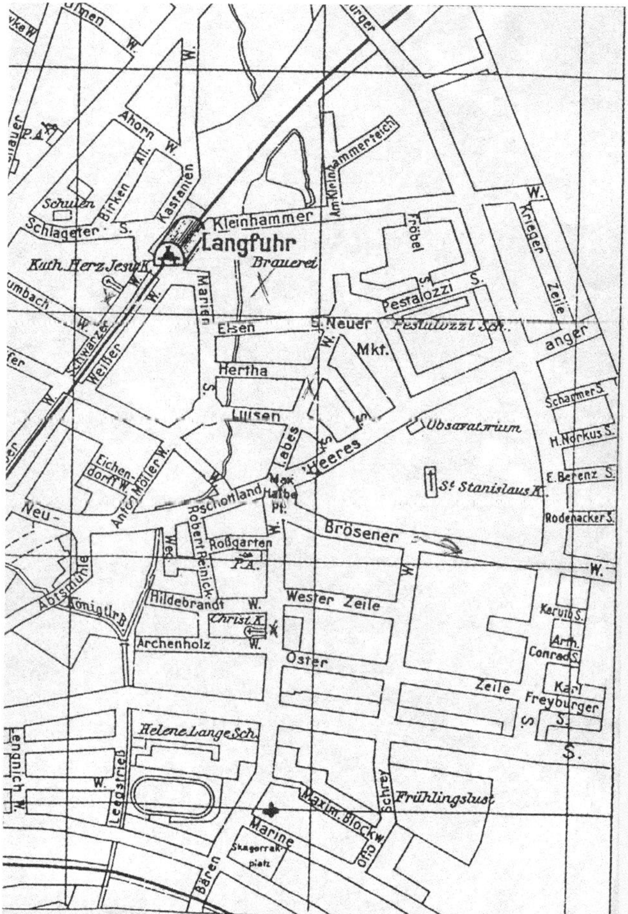

Karte von der Gegend um den Labesweg (heute: Ulica Lelewela) 1940 in Danzig-Langfuhr (heute: Gdańsk-Wrzeszcz); Wester- und Osterzeile (Pilenz' und Mahlkes Wohnort)

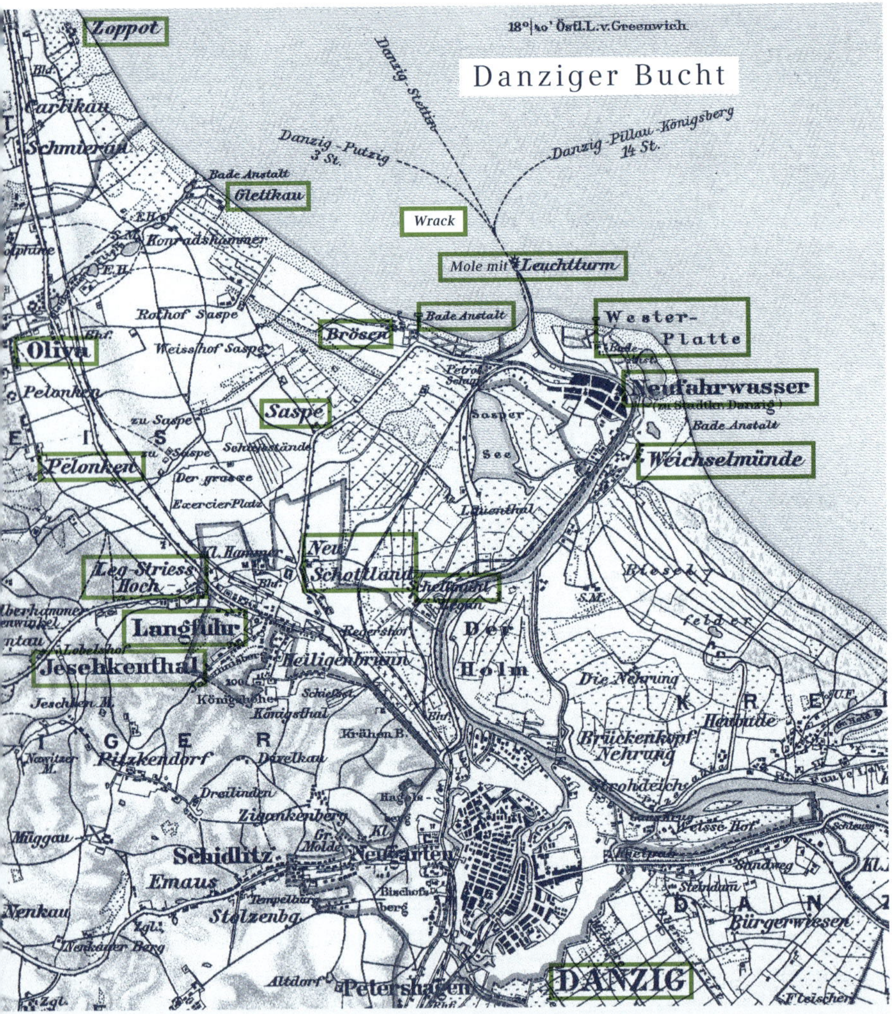

Handlungsorte der Novelle: Danziger Bucht, Langfuhr, Brösen, Bad, Mole mit Leuchtturm, Ort des Wracks

3.4 Personenkonstellation und Charakteristiken

ZUSAMMEN-FASSUNG

Eine Personengruppe wird aus sieben Jungen und dem Mädchen Tulla gebildet, ein wesentlicher Treffpunkt ist das Wrack. Eine zweite Personengruppe sind die Lehrer. Hinzu kommen zahlreiche Nebengestalten aus Familie, Kirche und Schülerschaft. Für Erzählung und Handlung wichtig sind Mahlke, Pilenz als Erzähler und Tulla, als Gegner der Direktor Klohse.

Eintreten für Benachteiligte und Verfolgte

Grass tritt grundsätzlich für Benachteiligte und Verfolgte ein. Seine Helden und Erzähler sind von den geschichtlichen Ereignissen betroffen:

> „Ich habe (...) immer aus der Sicht der Betroffenen berichtet, nicht von der Bank der Sieger aus oder von der abgehobenen Bank der alles Überblickenden, Dokumentkundigen, die am Ende genau wissen, wie es hätte geschehen müssen, sondern aus dieser Sicht der unmittelbaren Betroffenheit. Gelernt habe ich das bei unserem ersten großen deutschen Roman, beim ‚Simplicissimus'."[40]

Grass' Gestalten fliehen oft in abgeschlossene Räume, in das Irrenhaus, in das Kolpinghaus, in die private Marien-Kapelle auf dem Wrack usw. Religiöse Begriffe durchziehen die Novelle und lassen

---

40 Günter Grass: *Nicht von der Bank der Sieger aus*, Gespräch. In: ndl (neue deutsche literatur), Heft 2/1998, 46. Jg., S. 20.

DIE SÄKULARISIERTE LEIDENSGESCHICHTE

Dreieck
als Auge Gottes,
Symbol der Wachsamkeit, Vorsehung und Allgegenwart des Schöpfers
als Ausgangspunkt der Geschichte (6):
Katze, Mahlke, Pilenz
Schöpfer — „der uns erfand" (6)

Jungfrau Maria, Mater Dolorosa
Stabat Mater: „Christi Mutter stand mit Schmerzen"

Jesus von Nazareth
Kreuz, Heiligenschein
Unbefleckte Empfängnis
Matka Boska Czestochowska (21)
Jesus tut Wunder
Jesus erweckt den toten Lazarus
Jesus lebt durch die Evangelien
Auferstehung aus dem Grab
der Erlöser

zwölf Jünger

Judas
Judas-Evangelium
Judas als bester Freund Jesus (Kernaussage)

Maria Magdalena
begleitet Jesus, sorgt sich um seine Bedürfnisse
nach dem Phillippusevangelium eine Beziehung mit Jesus
Ikonografisch: oft mit blauem Umhang

Pontius Pilatus
verurteilt Jesus
fördert Symbole, beruft sich auf das Recht

der Große Mahlke
Kreuze (147), Heiligenschein (46)
Mutter, Tante (Vater tot)
die „verrutschte Jungfrau" (13)
Mahlke tut „dolle Dinge" (140)
Mahlke rettet einen Untertertianer (69)
Mahlke lebt durch „faustdick Geschichten" (140)
Auferstehung aus dem Wrack steht aus
Mahlkes „Abbild als Erlöser" (46 und öfter)

sechs Jünger

Pilenz
Katz und Maus
Pilenz sorgt „wie ne Mutter" (173)

Tulla Pokriefke
läuft Mahlke nach (42)
vielleicht sexuelle Beziehung (161 f.)

Kleid „blau blau waschblau" (98)

Direktor Klohse
verurteilt Mahlke
beruft sich auf den „Conradischen Geist",
„im Sinne der Anstalt" (154)

sich mühelos auf eine Vorlage projizieren: Mahlkes Schicksal ist eine säkularisierte Leidensgeschichte (vgl. Kap. 3.7):

Der Erzähler Heini Pilenz

Heini[41] Pilenz bemüht sich 1960, Mahlke zu finden und gibt dabei sporadisch Auskunft über sich. Er hat mit Mahlke das Conradinum in Danzig besucht. Mit Mädchen hat er Probleme und „das Zögern und Ironisieren dieser meiner Schwäche" (130) nicht verloren; homoerotische Neigungen sind denkbar. Er stellt sich seiner Erzählung widerwillig, beichtet aber seine Schuld, die den Menschen Mahlke vernichtet hat.

Probleme mit dem anderen Geschlecht

Pilenz war beim Spiel Tickspieler (Jäger beim Schlagball), also besonders kämpferisch; deshalb reizt ihn Mahlkes Geschichte, aber gleichzeitig stößt ihn Mahlke ab, weil er so wenig den Vorstellungen des Kämpferischen entspricht. Er wertet das Erzählte mit sarkastischer Ironie, um die eigene Schuld zu verdecken, die ihn quält.

Erst als er Mahlke nicht gefunden hat und von ihm also keine Verzeihung erhalten kann, beginnt er, nunmehr Sekretär eines Kolpinghauses in Düsseldorf, angeregt von Pater Alban seine Erzählung, die zur Beichte wird. Er hat sich bereits literarisch betätigt, seine „ersten poetischen Versuche und Kurzgeschichten" (126) erschienen „kafkaesk".

Erzählen als Form der Beichte

Pilenz ähnelt einer **Judas-Variation**. An ihn knüpfen sich Verrat und Vernichtung, Böses und Falsches. Wenn er Mahlke am Ende den Büchsenöffner entzieht und danach wegwirft, ist das ein schlichtes, fast plattes Beispiel für sein Verhalten; aber selbst damit vernichtet er für Mahlke Lebensnotwendiges. Im Zusammenhang mit den Auseinandersetzungen um Grass' Mitteilung, in die Waffen-SS einberufen worden zu sein, bekam auch Pilenz neue Aufmerksamkeit geschenkt, sah man in seiner Schuld gegenüber Mahlke ein frühes Eingeständnis des Autors, seine eigenen Verstrickungen aufzuarbeiten.

---

41 Den Vornamen kennt der Leser aus dem Roman *Hundejahre* („was tut mein Vorname zur Sache", er klingt ihm zu unheldisch, 102).

Joachim Mahlke

Zwischen Christus und Clown

Grass' Biografie hat Berührungen mit der des fiktiven Mahlke: Er war wie Grass Panzerschütze. Mahlkes übergroßer Adamsapfel ist Symbol für den gefallenen Menschen; er ist Sinnbild der Menschheit und ihres Schicksals (Fatums). Deshalb schwankt seine Erscheinung zwischen Christusähnlichkeit und Clown. Seine Empfehlungen an Pilenz sind Hinweise auf Christusvariationen und -deutungen, er soll Kierkegaard und Dostojewski lesen. Mahlke dient einem Madonnenkult, der das Ergebnis verdrängter Erotik ist. Sein scheinbares Heldentum, in Wirklichkeit geboren aus Angst, hebt sich mit seiner Desertion auf.

Marienkult

Er ist nicht nur die **wichtigste Figur der Novelle**, sondern auch die Maus aus dem Titel. Als er ahnt, vom Nationalsozialismus missbraucht worden zu sein, flüchtet er sich in die Einsamkeit seines Marienmysteriums, in seine private Marienkapelle, und schließlich in die Auflösung/Auferstehung, das Wrack. Unklar bleibt, ob er stirbt – was einer einfachen Lösung entspräche – oder zum Symbol erhoben zur ständigen Mahnung wird. Mahlke stellt gesellschaftliche Institutionen in Frage: die Schule, die Kirche, das Militär. Dafür wird die Jungfrau und Gottesmutter zum säkularen Liebeserlebnis, sein „Marienkult" grenzt „an heidnischen Götzendienst" (117).

Übereinstimmende biografische Details

Joachim Mahlke trägt den „unansehnlichem Hut" des Reichsarbeitsdienstes, auch „Arsch mit Griff" genannt, wie ihn auch Grass trug: Mahlke trug ihn als „tragikomische Figur" (Z, 93). Dort, wo sich eine Episode seiner Laufbahn zum „Kriegshelden" ereignete, war Grass' Arbeitsdienstlager. Andere biografische Details aus dem Leben Grass' stimmen mit dem Leben Mahlkes überein. Dennoch ist Mahlke kein Abbild des Schriftstellers, sondern gemeinsam mit Pilenz – der sich wie Grass zu verschiedenen Waffengattungen, dann freiwillig zu den Panzergrenadieren meldete (100) – eine Variation des Grass'schen Charakters, die Zwiespältigkeit ausweist. Grass hat das in sezierend aufreibender Selbstbefragung mitleidlos dargestellt. Anlass dafür war das Erlebnis eines Waffenverweigerers beim Reichsarbeitsdienst. Er hat in der Erinnerung eine solche Bedeutung erhalten, dass Grass ein ganzes Kapitel der Autobiografie *Beim Häuten der Zwiebel* mit seinem Spitznamen auszeichnete: „Er hieß Wirtunsowasnicht". Grass traf in ihm einen Jungen, der scheinbar allen Bedingungen der „nordischen Rasse" (Z, 96 f.) entsprach, sportlich und stark war, aber kein Gewehr anrührte. Deshalb wurde er „**Wirtunsowasnicht**" genannt und verschwand schließlich, nachdem er allen Disziplinierungsversuchen widerstanden hatte, wahrscheinlich im KZ. Er wurde zum Modell für die „steile und absonderliche Figur, den vaterlosen Meßdiener, Oberschüler, Meistertaucher, Ritterkreuzträger und fahnenflüchtigen Helden Joachim Mahlke", „wenngleich Mahlke gegen einen übergroßen Adamsapfel ankämpfen mußte, er aber makellos zu sein schien, als er mal um mal das Gewehr fallen ließ, langsam, wie in vorsätzlich gedehnter Zeit, damit es sich einprägte" (Z, 103). Dieser Vorgang ist aufschlussreich für den Schaffensvorgang von Günter Grass: Der Sachverhalt der Wirklichkeit und sein künstlerisches Abbild können gegensätzlich sein.

Der „Wirtunsowasnicht" als Modell

Der pazifistisch motivierte Jugendliche war für das Eingeständnis von Schuld für Grass wichtiger, wie er in einem Gespräch mit Ulrich Wickert erklärte[42], als das Bekenntnis über die Waffen-SS, weil er durch diesen Jungen zum Nachdenken hätte kommen können, es aber nicht zum Widerspruch oder auch nur zum Fragen geschafft hat. Das empfand Grass tatsächlich als eigene Schuld.

Wichtig für das Eingeständnis der eigenen Schuld

Mahlke ist ein Objekt des Ärgerns, er wird verspottet und verlacht. Er hat natürliche moralische Empfindungen, hält sich von den üblichen alterstypischen Obszönitäten fern, sorgt sich in rührender

42 *Jugend unter Hitler.* Günter Grass im Gespräch mit Ulrich Wickert. DVD-Edition Spiegel TV, 2006.

Verantwortung um Mutter und Tante und bewahrt einen Lehrer vor einem niveaulosen Schülerstreich.

Grass beschrieb Mahlke so:

> „Einer wie Mahlke, jemand aus meinem Jahrgang, der das deutsche Gymnasium damals erlebt hat schon mit den vornazistischen, deutschnationalen Ausrichtungen, der Erziehung zum Heldenwesen, der ist natürlich nicht das Porträt eines bestimmten Schülers, da haben viele unfreiwillig Modell gestanden. Auch auf Pilenz trifft das zu, auf die Antiposition."[43]

Mahlkes Taten zwischen März und Mai 1944 förderten einen sinnlosen Krieg, der längst verloren war, vergrößerten die Leichenberge in Europa, erhöhten das Leid der Zivilbevölkerung und gaben einer verbrecherischen Führung Zeit, ihr Vernichtungsprogramm für Juden, Sinti, Roma und andere Ausgestoßene weiter zu betreiben. Mag Mahlke noch so großen individuellen Mut bewiesen haben, seine Taten förderten Verbrechen.

Unfreiwilliger Ritterkreuzträger

Mahlke ist fasziniert von soldatischer Disziplin und Entschlossenheit und abgestoßen von Stumpfsinn und Sinnleere der militärischen Ordnung. Entsetzt von den Verbrechen der Wehrmacht und SS ist er nicht, zum Ritterkreuzträger wird er aber unfreiwillig. Ihn interessierte weder die militärische noch die moralische Qualität des Ritterkreuzes. Es bedeutet ihm wenig, Beifall dafür kann er nicht spenden, weder bei dem erfolgreichen Fliegerleutnant noch bei dem ebenso erfolgreichen Kapitänleutnant. Dem einen verweigert er den Beifall, bei dem anderen will er nicht einmal an der Feier teilnehmen und verlässt diese vorzeitig. Er wollte

---

43 Unveröffentlichtes Tonbandprotokoll eines Gesprächs (8. und 9. Juli 1985). In: Vormweg, *Günter Grass*, S. 69.

seinem Adamsapfel eine verhüllende Dekoration geben und sich in die Normalität integrieren. Auf Gemeinsamkeiten und Unterschiede zwischen Mahlke und dem Autor machte Grass in der Autobiografie aufmerksam: Sie hatten unterschiedliche Erinnerungen an ihre Arbeitsdienstzeit, die sie im gleichen Lager verbrachten. „(...) ich verpaßte die Gelegenheit, in erster Lektion das Zweifeln zu lernen, eine Tätigkeit, die mich viel zu spät, dann aber gründlich befähigte, jedweden Altar abzuräumen und mich jenseits vom Glauben zu entscheiden." (Z, 94)

Karikatur des Heldentums

Durch Mahlke wird das Ritterkreuz zur Karikatur des Heldentums. Die drei Ritterkreuzträger, die in der Aula sprechen oder sprechen wollen, wirkten in der Luft, zu Wasser und auf dem Lande; sie repräsentieren damit die Teilstreitkräfte der deutschen Wehrmacht. Diese Dreizahl erinnert an die mythische Bedeutung dieser Zahl, auch an die antiken Trilogien. An diese erinnert Pilenz „Möwenpulk" am Wrack, den er als „griechischen Chor" (106) empfindet und damit einen wichtigen Bestandteil der antiken Dramatik nennt. Jeder der Auftritte der Ritterkreuzträger wird zu einer **Inszenierung**, die präzise als solche beschrieben und empfunden wird. Die Offiziere werden zu Schauspielern, die ihr Metier nicht verstehen. Das „besondere Klingelzeichen" (60), das die Schüler in die Aula ruft, ist Beginn der Aufführung, an deren Ende Beifall steht. Pilenz beschreibt minutiös die gestischen und rhetorischen Elemente, die in der jeweiligen Inszenierung eingesetzt werden. Er beschreibt auch die Unfähigkeit der Offiziere, mit ihren Situationen umzugehen. So treibt alles auf **die dritte Inszenierung** zu, die Mahlke allein bestreiten will. Sie soll mit besonderer Perfektion ablaufen und „so ziemlich alle Probleme, die mit der Verleihung zusammenhängen" (149), berühren. Er, der zum Zirkus, „womöglich auf die Bühne" (29) wollte, kann und will nun die Gelegenheit nutzen, um sich seinen Zirkus selbst zu inszenieren. Einmal will er wirklich ein „Clown" sein (29); das Ritterkreuz ist ihm dafür der willkommene Anlass.

Tulla Pokriefke

Oskar Matzeraths Beinahe-Schwester

Tulla wurde am 11. Juni 1927 in der Elsenstraße von Danzig-Langfuhr geboren. Getauft wurde sie auf den Namen „Ursula", gerufen aber immer Tulla, vermutlich nach dem Koschnäwjer Wassergeist Thula, „der im Osterwicker See wohnte"[44]. Ursprünglich sollte sie die Schwester Oskar Matzeraths werden, aber Oskar wehrte sich – wie Günter Grass amüsant schildert – gegen diese „Zumutung. Ich kam nicht weiter, habe kapitulieren müssen. Oskars Schwester stand mir vor Augen, ich habe sie dann in ein anderes Buch, Tulla Pokriefke aus den *Hundejahren* war es natürlich, integriert."[45]

Einziges Mädchen in der Jungengruppe

Tulla, nach Tischlerleim riechend und so teils geschützt vor irdischen Anfechtungen, fasziniert und erregt die Halbwüchsigen, auch den Ritterkreuzträger Mahlke, im Umfeld seiner Desertion. Mahlke folgte schon zuvor ihren pubertären Wünschen, erfüllte ihre Befehle und diente ihr bereitwillig als sexuelles Studienobjekt. Sie ist das einzige Mädchen unter den sieben Jungen, die Abenteuer auf dem polnischen Wrack suchen. Mädchenhaftes oder gar Weibliches geht ihr weitgehend ab; sie unterscheidet sich kaum von den Jungen. Der Erzähler bestätigt das. „(...) Tulla, ein Spirkel mit Strichbeinen, hätte genausogut ein Junge sein können" (38). Die Unterschiede der Geschlechter sind ihr nicht als erotische Motivation bewusst, insofern kann sie völlig ungezwungen damit umgehen. Dass sie **die Jungen zum Onanieren veranlasst** und selbst Mahlke dazu bringt, hängt damit zusammen: Sie will erfahren, was sie

44 Grass, *Hundejahre*, S. 153.
45 Claus-Ulrich Bielefeld, Günter Grass, Dieter Stolz: *Der Autor und sein verdeckter Ermittler. Ein Gespräch*. In: Sprache im technischen Zeitalter, Jg. 34/1996, Nr. 139, S. 308.

Claudia Bremer als Tulla Pokriefke in dem Film *Katz und Maus* (1967)

selbst nicht kann, und „etwas zu gucken" haben (39). Dem ist mit Moralbegriffen oder dem Verdikt, es sei unzüchtig, nicht beizukommen. Solche Vorwürfe führten in den prüderen 1960er Jahren zu einer die brüchige gesellschaftliche Moral deutlich ausweisenden juristischen Auseinandersetzung über die Novelle.[46]

„Darfste nich?"

Mahlke entzieht sich zuerst Tullas Neugierde nach männlicher Onanie, „bis Tulla das richtige anstachelnde Wörtchen fand" (39). Dieser Hinweis des Erzählers ist wichtig: Nicht um aufreizende Bewegungen oder animierende Beschäftigungen geht es bei der Beziehung zwischen Tulla und Mahlke, sondern um das entscheidende Wort. Das aber heißt „Darfste nich?" (39); es unterstellt Mahlke eine Fremdbestimmung, die er in keinem Falle, also auch nicht in diesem, akzeptiert. Stets bleibt er der Selbsthelfer vergangener Zeiten, der Einzelgänger, der in der zur uniformen Masse geratenden Welt zum Außenseiter wird. Um das zu bestätigen und gleichzeitig seine Individualität zu stärken, erfüllt er Tullas Wunsch. Der von Mahlke beabsichtigte Effekt tritt ein: Er muss die Übung nie wieder machen, da er auch hier als Außenseiter anerkannt wird, und er vermittelt erstmals für seine Mitschüler, vertreten durch den Erzähler, den körperlichen Eindruck „einer wenn auch bizarren, dennoch ausgewogenen Harmonie" (41), da sich Adamsapfel und Geschlechtsteil im Profil gegenseitig aufheben.

Variation der Maria Magdalena

Im Sommer 1942 zeigt Tulla Zeichen von beginnender Fraulichkeit, sie ist nicht „mehr überall platt" (97), das Kleid ist „überall zu kurz zu eng zu blau" (98), „das bißchen Brust gequetscht" vom Badeanzug (99). Tulla ist in der Novelle eine Art Fee und Jungfrau, die mit den Jungen und später den jungen Männern ihr Spiel treibt und dabei ihre Freude hat; sie ließ „ziemlich jeden ran" (131). Details

---

46 Vgl. dazu den Antrag auf Indizierung der Novelle und die Anzeige Kurt Ziesels wegen der Verbreitung unzüchtiger Schriften in: Ritter, S. 127 ff.

weisen auf eine Variation der Maria Magdalena hin, eine Personifikation von Sinnlichkeit und Gläubigkeit. Die ihr zugeordnete **Farbe ist immer blau**, also die Farbe des Himmels, der Jungfrau Maria, **Maria Magdalenas**, des Meeres und der Nacht. Mahlke erscheint sie als eine weltliche Maria Magdalena, eine Lieblingsgestalt Grass'. Sie wird zum irritierenden Gegenbild der Jungfrau Maria.

Heilige und Sünderin

Maria Magdalena (Magdalena nach der Stadt Magdala) ist eine Heilige, die aus verschiedenen Legenden entwickelt wurde. Dazu gehörte auch die Sünderin, die mit ihren Haaren die Füße Christi trocknete. Sie wird oft bildlich als Büßerin in der Wüste dargestellt. Ein Farbdruck der langhaarig-blonden Maria Magdalena – Tulla hat ebenfalls lange Haare, wie der „Fahrwind bewies" (97) – im blauen Umhang wurde zum Inbegriff kleinbürgerlichen Kunstbedürfnisses und spielte auch in Grass' Familie eine Rolle. Es handelte sich um einen Farbdruck von Battonis *Die lesende büßende Magdalena*, der nach 1900 in fast jedem kleinbürgerlichen Schlafzimmer hing. Grass hat ihn in seinem Roman *Die Blechtrommel* beschrieben.[47] In *Katz und Maus* hat Tulla diese erotische Anregung, die vom ausgewaschenen und zu kurzen Kleid der Maria Magdalena ausgeht: Sie erscheint in einem Kleid „blau blau waschblau und überall zu kurz zu eng zu blau" (98).

Oberstudienrat Klohse

Tyrann und Sprücheklopfer

Klohse ist Direktor des Conradinums und Lehrer für Mathematik. Er verkörpert „die Anstalt, die Schule, die Conradische Stiftung, den Conradischen Geist, das Conradinum" (156). Die Aufzählung ist verräterisch: Nichts Menschliches wird Klohse zugeordnet, sondern nur Gebäude und deren Geist. Dass Pilenz mit dem zweideutigen Begriff „Anstalt" die Beschreibung eröffnet, ist eindeutig: Klohse

---

47 Grass: *Die Blechtrommel*, S. 51, 202.

erscheint ihm als inhumaner Tyrann und geistloser Sprücheklopfer („Reifwerdenreinbleiben", „Vondirunddeinemtunallein", 81), dem die faschistischen Worthülsen („Undindieserstunde – Wandererkommstdu – Dochdiesmalwirddieheimat – Undwollenwirnie – flinkzähhart..." 65) leicht über die Lippen kommen, ersparen sie doch individuelle Entscheidung. Klohse ist auch eine tragische Gestalt. Es fällt auf, dass Grass den Direktor Klohse ein klassisches Zitat benutzen lässt, das nach dem Zweiten Weltkrieg durch die Verwendung bei Heinrich Böll im Titel der Erzählung *Wanderer, kommst du nach Spa* berühmt geworden ist: Wandererkommstdu (65). Die Erinnerung an die heldenhafte Schlacht an den Thermopylen – das klassische Zitat – ist zum Versatzstück für propagandistisch heldenhaften, tatsächlich sinnlosen Tod – wie ihn die Nazis forderten – gesunken. Auf dem Weg in die Unterwelt, in das Wrack, führt Mahlke einen fiktiven Dialog mit Klohse, in dem er ihm den Alltag des Helden beschreibt: Der Vater, der Menschen rettete, wurde nicht als heroisch geehrt und bekam keinen Dank, „war nicht mal versorgt" (170). Heilig ist Mahlke nicht sinnlose Mannhaftigkeit, Schule und das Volk, sondern ein Bild des Vaters mit der Lokomotive „auf dem Korridor, neben dem Schuhputzsäckchen" (170). Mahlke hat dem ersten Ritterkreuzträger den Beifall verweigert (64), beim zweiten wollte er die Aula nicht betreten, und als Antwort auf die Reden des Ausgezeichneten und des Direktors stahl er das Ritterkreuz. Schließlich stört er die „Mittagsruhe des Oberstudienrates" (108), um ihn von seinem Diebstahl zu informieren. Er ist kaum überbietbarer Protest gegen die Durchhalteparolen von den „schicksalhaften Zeiten" (109) und **Demonstration gegen verdrängte Toleranz** und verlorene pädagogische Fähigkeit. Klohses Aversion gegen Mahlke, von Pilenz genüsslich gegen Mahlke ausgespielt („Der wird sich freuen" u. a., 148), wird darin deutlich, dass er Mahlke nicht als deutschen Helden wie die beiden anderen Ritterkreuzträger („Ei-

Aversion gegen Mahlke

ner von uns, aus unserer Mitte, aus dem Geist unseres Gymnasiums hervorgegangen", 82) akzeptiert. Damit aber liegt er richtig, denn Mahlke ist kein solcher Held und will es auch nicht sein. Klohses tragikomische Situation besteht darin, dass er Mahlke so behandelt, wie es dieser verdient, wollte der doch das Ritterkreuz zu clownesker Verkleidung benutzen. Diese Tragikomik wird noch größer, indem er Mahlke ein Heldentum empfiehlt, das die beiden anderen Ritterkreuzträger, aber auch ihn selbst abwertet. Mahlke möge, „wie es schon immer dem Helden ziemte, den besseren Teil der Rede wählen und schweigen" (154). Der Brief, den Klohse an Mahlke schreibt, wird zum Dokument der tragischen Verstrickung, indem Klohse nicht „einfach und väterlich" sein darf, weil „Zeit und Umstände" es ausschlössen (154).

Reaktion auf Ohrfeige

Klohse weiß um seine tragische Situation und reagiert deshalb nicht auf Mahlkes Rache, als dieser ihn ohrfeigt, ganz in der Tradition der klassischen Duell-Herausforderung: „Beide starr und mit Haltung." (155) Es ist eine Duellsituation, in der Klohse den einstigen Schüler als Partner akzeptiert und sich besiegen lässt, um danach wieder in die Pose des Siegers zurückzufallen: „Der Geschlagene (...) sah schon nicht mehr geschlagen aus, stand gestrafft und verkörperte dunkel als Umriß (...) die Anstalt" (156).

Wendet man die christliche Leidensgeschichte auf die Gestalt an, ließe sie sich mit dem jüdischen Hohepriester Kaiphas oder dem römischen Statthalter Pontius Pilatus vergleichen, der die römische Macht durch die Einführung von Symbolen zu festigen versuchte und unter Berufung auf Recht und Gesetz das Urteil gegen Jesus von Nazareth bestätigte, so wie Klohse Mahlke den Auftritt im Conradinum verweigerte.

3.5 Sachliche und sprachliche Erläuterungen

Es werden im Folgenden nur wenige Ortsangaben und Begriffe, Leitmotive und wichtige Beziehungen erläutert, da ausführliche und leicht zugängliche Darstellungen vorliegen.[48]

	Katz und Maus	Der Titel bezeichnet ein kindliches Spiel und ist eine Redensart, die eine eindeutige Rollenverteilung meint.
	Eine Novelle	Die Gattungsbezeichnung als Untertitel weist auf die Unterscheidung zum voluminösen Roman *Die Blechtrommel* hin. In der Verwendung von Motiven und Symbolen im Text ist die Erzählstruktur einer Novelle zu erkennen. Die Bestimmung als „unerhörte Begebenheit" (Goethe) hat Grass sogar indirekt eingearbeitet (109). Der Text kann auch als Novelle im juristischen Sinn gelesen werden: Für die Verleihung des Ritterkreuzes gab es Regeln[49], die Einblick in die deutsche Bürokratie ermöglichen. Mahlkes Erwerb des Ordens kann als Novelle zu diesen Verordnungen gelesen werden: Er benötigt ihn, um seinen Adamsapfel adäquat zu verdecken.
5	**Schlagballfeld u. a.**	Das Schlagballspiel wird im Roman *Hundejahre* als „Sport jener Schuljahre"[50], der Dreißigerjahre, erwähnt und nicht nur als spezifisch deutscher Sport beschrieben, sondern es erzöge auch zu einer moralischen, schließlich sogar ideologischen Haltung. Besonders für diesen Aspekt hatte sich Studienrat Mallenbrandt eingesetzt, der das Spiel als Weltanschauung betrachtete und seine „völkische Eigenart" in theoretischen Abhandlungen hervorhob.[51] – Es ist

---

48 Vgl. die Materialsammlungen von Ritter und Schmidt u. a..

49 Vgl. Hanns Dombrowski (Hrsg.): *Orden, Ehrenzeichen und Titel des nationalsozialistischen Deutschlands*. Textausgabe. Berlin 1940, S. 153 ff.

50 Grass, *Hundejahre*, S. 125.

51 Ebd., S. 126 f. Vgl. Ritter, S. 89 f.

		ein Kampfspiel und kennt eine Fang- und eine Läufergruppe, in die man vor Beginn gewählt wird. Die Fänger oder auch Tickspieler sind die Jäger. Pilenz war als „Tickspieler schwer zu ersetzen" (5). Die Rollenverteilung ist damit von Beginn an deutlich: Pilenz ist der Jäger, die Katze, Mahlke der Gejagte, die Maus. Im Conradinum lehrte der Theoretiker des Schlagballspiels und „Experte", der Studienrat Mallenbrandt, der „ein richtungsweisendes Regelbuch für das Schlagballspiel" (13) oder „ein Buch oder ein Kapitel in einem Buch über deutsche Schülerkampfspiele geschrieben hatte"[52].
5, 17	**Krematorium, Vereinigte Friedhöfe, Technische Hochschule; Marienkapelle, Osterzeile, Bärenweg usw.**	Alle topografischen Angaben sind nachweisbar für die „Freie Stadt Danzig" (1920–1939) und/oder Danzig (1939–1945). Die Beschreibung trifft auf Danzig-Langfuhr zu. Der Vorort, zur Handlungszeit hatte er etwa 72.000 Einwohner, ist ein Hauptort der *Danziger Trilogie* und wird immer wieder beschrieben. Der Plan (S. 61,62 dieser Erläuterung) hilft bei der Orientierung. Die zahlreichen Straßennamen sind dort zu finden und werden nicht nochmals aufgenommen.
5, 13	**Studienrat, Turnlehrer … Mallenbrandt**	Grass hat diese Gestalt nach eigener Aussage frei erfunden, auch wenn es am Conradinum einen Turnlehrer Wallerand gegeben habe. Mit ironischer Überlegenheit erklärte Grass an diesem Beispiel „die Macht der Dichtung", die zu der Ähnlichkeit zwischen erfundener und wirklicher Figur geführt habe.[53] Einen Angriff auf diese künstlerische Freiheit unternahm der ehemalige Lehrer des Conradinums Theodor Wallerand. Er vermisste etwa die 6 Fußwaschbecken bei Grass, die es im Conradinum gegeben habe, und fragte empört: „Waren die Conradiner solche Schweine?" Dass er Grass „grobe Schnitzer" nachweist, die

52 Grass, *Hundejahre*, S. 126.
53 Vgl. Ritter, S. 90.

		„liebevolle Bevorzugung alles Polnischen" für auffallend hält und sich auf „Gesetze" bei der „Mischung von Dichtung und Wahrheit" beruft[54], weist auf eine schlichte Vorstellung von Literatur hin. Indem er das auf den Schriftsteller anwendet und Grass „energisch darauf" hinweist, „dass er in zukünftigen Erzählungen Danzig und seine Menschen aus dem Spiel"[55] lassen solle, zeigt er ein entwickeltes Verständnis für Zensur.
5	**Adamsapfel**	Adam wird im Paradies von Eva verführt, in den Apfel der Erkenntnis zu beißen; der Bissen bleibt ihm im Halse stecken. Deshalb nennt man den bei Männern auffallenden Schildknorpel am Kehlkopf „Adamsapfel". Adam erkannte dadurch seine Nacktheit, Mahlke seine körperliche Absonderlichkeit. Er soll als Wahrzeichen an alle männlichen Nachkommen Adams vererbt worden sein.
6	**ein Dreieck**	Das zu Beginn benannte Dreieck hat mehrere Bedeutungen. Erstens steht es für die Beziehungen zwischen Pilenz und Mahlke. Die dritte Ecke ist das Unglück, symbolisiert in der schwarzen Katze. Sie meinte Grass, als er für die Erstausgabe (siehe auch Abbildung der zitierten Ausgabe) einen Schutzumschlag zeichnete, auf dem eine bedrohlich wirkende, schwarz-weiß, also in den Farben Preußens gefleckte Katze ein Ritterkreuz ohne Hakenkreuz und Jahreszahl um den Hals trug. Katzenkopf und Ordensband ähneln variierten Dreiecken. Das Dreieck ist zweitens „neben dem Kreuz die heiligste geometrische Symbolfigur."[56] Ursprünglich von hoher religiöser Bedeutung und auch als Symbol Gottes (das Auge Gottes, Nimbus) geltend, wurde es im Dritten Reich zum schrecklichen Zeichen nationalsozialistischer Verbrechen: Es war drittens das farblich unterschiedlich gestaltete Kennzeichen der

---

54 Theodor Wallerand: *Günter Grass – ein Danziger Schriftsteller?* In: Unser Danzig. Lübeck Nr. 3, 1962, zitiert nach: Ritter, S. 104 ff.

55 Ebd., S. 104–107.

56 Vgl. Hannelore Sachs, Ernst Badstübner, Helga Neumann: *Christliche Ikonografie in Stichworten*. Leipzig: Koehler & Amelang, 1973, S. 143.

		Häftlinge in den Konzentrationslagern. Der Lehrer Brunies wird Opfer im KZ Stutthof (151). – Die beiden wichtigsten heiligen Zeichen, Kreuz und Dreieck, werden auch mit nationalsozialistischem Symbolwert überlagert, Ritterkreuz und KZ-Symbol. Viertens ist das Dreieck ein beliebtes Symbol der Freimaurer, „Brunies war Freimaurer" (48). – Auch **die Zahl „Drei"** ist in der Novelle auffallend. Es werden drei Medaillen an die Mahlkes verliehen, die eine postum für die Rettung von Menschen, die zweite („nen kleinen Orden", 142) für die Beseitigung eines Partisanen-Waffenlagers, die dritte und entscheidende aber für das Töten, diese wiederum in drei Varianten: EK I, EK II und Ritterkreuz. Das Ritterkreuz steht im krassen Widerspruch zur „Medaille", die Mahlkes Vater erhalten hat. Der Lokführer starb bei einem Eisenbahnunglück, bei dem er „das Schlimmste verhüten" (125) konnte.
6	**Czaika-Klasse**	Es handelte sich um das Minensuchboot der Czaika-Klasse *Rybitwa* (deutsch: Lerche), das während der Kämpfe in der Danziger Bucht bei Kriegsausbruch 1939 von der deutschen Marine aufgebracht wurde, aber während des Schleppens in den Hafen sank. Dieser Typ des Minensuchbootes hatte 183 Bruttoregistertonnen, war 42 m lang, 5,50 m breit und hatte einen Tiefgang von 1,70 m. Es war in Modlin (nordwestlich von Warschau) gebaut (7), in Gdingen (größter polnischer Kriegs- und Handelshafen, nach Polens Niederlage im Oktober 1939 erhielt der Hafen den Namen „Gotenhafen") gebaut worden. Aus dem gesunkenen Boot entstand eine Insel für die Gymnasiasten und *die* Insel für Mahlke.
8	**kalkige Spucke**	Einer der Schüler bemerkt, Tenöre äßen täglich Möwenmist. Das geht auf die volkstümliche Vorstellung zurück, mit Kreide würden Stimmen geschmeidig gemacht. Bedient wird diese Vorstellung z. B. im Grimm'schen Märchen *Der Wolf und die sieben jungen Geißlein*, in dem der Wolf Kreide frisst, um wie die Geiß sprechen zu können.

12	**Mahlke war einziges Kind zu Hause ... usw.**	Pilenz ordnet die biografischen Bausteine zu einer steigenden Klimax (Aufzählung mit zunehmender Bedeutung). Zuerst folgen Sätze aufeinander, dann Reihungen wie Schuhe, Schnürsenkel, Schraubenzieher und silbernes Kettchen mit der Jungfrau. Am Ende der Novelle bietet Pilenz eine fallende Klimax, die dem 1. Buch Mose, 2. Kapitel, ähnlich ist: „Also, ich ruderte zurück (...) Also, ich warf den Büchsenöffner weg (...) Also, ich warf weg (...) Also, nach alledem (...) Also, meine Mutter (...) Also, ich las (...)" (176 f.). Steigende und fallende Klimax umschließen den Vorgang der Vernichtung; die Handlung ist eine große Metapher für die Umkehr von Erlösungsvorstellungen.
12	**die Jungfrau**	Für Mahlke wird eine auffällige Beziehung zur Mutter Gottes ausgewiesen. Als Detail in der Reihe biografischer Bausteine für Mahlke wird ein „silbernes Kettchen" erwähnt, an dem „etwas silbern Katholisches anhing: die Jungfrau" (12). Damit wird die christliche Motivkette mit einer zentralen Figur eröffnet, gleichzeitig beginnt der Erzähler sie zu säkularisieren, da diese „verrutschte Jungfrau" (13) alles Irdische (Turnstunde, Barren, Matte, aufwölkenden Staub usw., 12 f.) mitmachen muss. Am Ende des I. Kapitels hängt eine zweite „Silberjungfrau" (22), die Mahlke auf dem Wrack gefunden hat, zwischen Pilsudski und Kommodore Bonte, einem deutschen Kapitän, dessen Zerstörer-Flotille 1940 vor Narvik von den Engländern vernichtet wurde und der selbst fiel. – Zu dem wiederkehrenden Motiv der Jungfrau kommt das Kreuz als Leitmotiv, zuerst als „geteertes Kreuz" (18) auf der Marienkapelle.
12	**überm roten Bruststreifen**	Die Schüler des Conradinums tragen rote Hosen, weißes Turnhemd mit rotem Bruststreifen und darin eingelassenem schwarzem „C" (88). Mahlke verschwindet in diesen Hosen im Wrack und versenkt damit auch ein Stück Tradition des Gymnasiums (172).

20	**ein etwa dreijähriger Balg**	Der „dreijährige Balg" ist Oskar Matzerath aus dem Roman *Die Blechtrommel*. Darin spielt die „Badesaison an der Ostsee" im Juli 1940 eine herausragende Rolle, führt sie doch zu Oskars Entdeckung der erotischen Qualitäten Marias.[57] Der Blech schlagende Oskar, Matzeraths „brauner Zucker und Gerstengrütze" (132) aus dem Laden von Oskars Vater oder Stiefvater und anderes stellen den Zusammenhang zwischen Novelle und Roman her.
21	**Marschall Pilsudski**	Józef Klemens Pilsudski (1867–1935) gehörte zu den Begründern der Polnischen Sozialistischen Partei. Mit der „Polnischen Legion", deren Ziel die Unabhängigkeit Polens war, kämpfte er im Ersten Weltkrieg auf der Seite der Mittelmächte (Österreichs), geriet mit diesen in Konflikt und wurde inhaftiert. Nach dem Krieg gegen die noch nicht konsolidierte Sowjetunion verlegte er im Frieden von Riga 1921 die Grenzen Polens weit nach Osten. 1926 ersetzte er die demokratische Regierung durch eine autoritäre Militärdiktatur. Trotz dieses Putsches war Polen von 1918 bis 1939 nach 123 Jahren Fremdherrschaft souverän; das verschaffte Pilsudski bei vielen Polen Anerkennung.
21	**Matka Boska Czestochowska**	Die sogenannte „Schwarze Madonna" im Hauptaltar der Kapelle der Muttergottes (Paulinerkloster in Jasna Góra) in Tschenstochau ist das Nationalheiligtum und das am meisten verehrte Bild Marias mit dem Jesuskind in Polen. Es stammt vermutlich aus Byzanz.
22	**Virgo virginum praeclara**	Der Text, übersetzt „O du Jungfrau der Jungfrauen, wollest in Gnaden mich anschaun, lass mich teilen deinen Schmerz", stammt aus dem Hymnus *Stabat Mater dolorosa*. Er ist oft verändert worden und hat mannigfache Übersetzung ins Deutsche („Hymnus auf die Schmerzen der Maria") erlebt. Berühmte Komponisten vertonten ihn, darunter Palestrina, Pergolesi, Haydn und Rossini. – Als Verfasser des Textes gilt der

57 Günter Grass, *Die Blechtrommel*, S. 345–357.

		italienische Dichter Jacopone von Todi (Jacobus de Benedictis, geb. um 1230). – Seine geistlichen Lieder waren von glühender, geradezu brünstiger Mystik erfüllt und gelten als dialogische Vorläufer des Dramas. Der nur in Fachkreisen bekannte Franziskaner und Dichter wird von Pilenz an auffallender Stelle genannt (Kap. XI, 138). Für Pilenz' späteren Literaturkanon (102) von Bloy bis zu Böll ist er ein Ahnherr. Der Hymnus hat leitmotivische Bedeutung im Zusammenhang mit Mahlke.
22	**Amtsleiter**	Mitglieder, die in der NSDAP ein Amt inne hatten, wurden „Amtsleiter", auch: „politische Leiter" genannt. Die unterste Stellung war der Blockleiter, ihm folgten Zellen-, Ortsgruppen- und Kreisleiter. Sie hatten besondere Befugnisse. Die „Parteikluft" (22) war besonders durch das Braunhemd geprägt, das Parteigenossen nach zweijähriger Mitgliedschaft auch zum Zivilanzug tragen durften.
23	**Westerzeile/ Osterzeile**	Das zweite Kapitel wird mit zwei Straßennamen eröffnet. Pilenz wohnte in der Westerzeile, glaubt auch Mahlke dort wohnhaft, korrigiert sich aber. Mit den Straßennamen wird die vorbereitete Topografie präzisiert: Wester- und Osterzeile verlaufen parallel; sie gehen beide auf den Wolfsweg und auf den Bärenweg. An diesem wiederum liegt nicht weit von Mahlkes Wohnung die Marienkapelle. Die Westerzeile besteht auch heute noch aus kleinen zweistöckigen Reihenhäusern mit Mansarden; sie haben winzige Vorgärten „und sehen alle gleich aus"[58]. Es entsteht Spannung zwischen dem Zimmer Mahlkes einerseits und der alles beherrschenden Christus-Kirche andererseits, deren vier Zifferblätter dem ganzen Viertel „die Uhrzeit" angeben; Mahlke sieht aus seinem Zimmer auf das „Zifferblatt der östlichen Turmseite" (25).

---

58 Schmidt u. a., S. 134 ff.

25	**Sixtinische Madonna**	Das Altarbild Raffaello Santis (1483–1520) gehört zu den berühmtesten Bildern der Welt; es hängt in der Gemäldegalerie Dresden (Alte Meister). Auf ihm ist Maria mit dem Kind und dem Hl. Sixtus zu sehen, betrachtet von Engeln. – Die zwischen Kirche und Privatraum entstehende Spannung setzt sich in der Ordnung von Mahlkes Zimmer fort: Sixtinische Madonna und Schwarze Mutter Gottes neben Schmetterlingen, Schauspielerfotos, Jagdfliegern, Panzergeneralen und anderen militärischen Personen. Diese Attribute umgeben eine ausgestopfte „Schnee-Eule" (25), einen fast ausgerotteten scheuen Nachtraubvogel von beeindruckender Größe (160 cm Flügelspannweite). Dieser Vogel steht zwischen den Bildern des übersteigerten Glaubens und alltäglich gewordener Vernichtung und ist Sinnbild für die Christus-Ähnlichkeit, denn die Schnee-Eule trägt wie Mahlke „diese leidende und sanft entschlossene, wie von einem inwendigem Zahnschmerz durchtobte Erlösermiene" (25 f.) und erinnert an die weiße Taube des Heiligen Geistes.
27	**der zelebrierte Leerlauf**	zelebrieren = eine Messe lesen, etwas feierlich gestalten. Die Fügung ist ein Oxymoron (Oxymoron – Vereinigung widersinniger Wörter; Falschkopplung = unlogische Verbindung) und korrespondiert mit dem Begriff *Ritus* (27, feierlicher Brauch). Zwar kennt Mahlke als regelmäßiger Kirchengänger die Handlungen, aber er hat für sie keine Inhalte. Der reale Leerlauf des Grammofons, weil Schallplatten fehlen, wird zum Symbol für Mahlkes Erfahrung.
33	**Westerplatte**	Landzunge gegenüber Danzig-Neufahrwasser, auf der sich seit 1924 ein polnisches Munitionslager befand. Der deutsche Panzerkreuzer „Schleswig-Holstein" eröffnete am 1. September 1939 mit seinem Beschuss der Westerplatte den Zweiten Weltkrieg.
36	**Muster Scapa Flow**	In der Bucht von Scapa Flow (Orkney-Hauptinsel Mainland) versenkten sich 1919 deutsche Kriegsschiffe, die dort interniert waren, selbst, um sich den Engländern zu entziehen.

37	**der Gekreuzigte**	Die Eröffnung des III. Kapitels führt die Parallelität von Apostelgeschichte und Alltagsereignis weiter. Pilenz ähnelt in seiner Berichterstattung über Mahlke einem Apostel (Judas), der über Jesus berichtet. Die Novelle bekommt Züge einer säkularisierten Leidensgeschichte. Am Ende des III. Kapitels hat Pilenz die Verwandlung vollendet, „der Erlöser Mahlke war perfekt und verfehlte seine Wirkung nicht" (46). Pilenz fällt auf, dass Mahlke sich nicht besonders für „den Gekreuzigten interessierte" (37); er begreift nicht, dass Mahlke sich säkularisiert an seine Stelle setzt und deshalb die Nähe Marias sucht.
45	**aus dem Baltikum umgesiedelt**	1940 wurden die drei baltischen Staaten von der Sowjetunion besetzt, nachdem Deutschland das am 23. 8. 1939 in einem geheimen Zusatzprotokoll zugestanden hatte. Vom Oktober bis Dezember 1939, dann nochmals um den Jahreswechsel 1940/41, waren die Baltendeutschen nach Deutschland bzw. in die von Deutschen besetzten Gebiete umgesiedelt worden, was mit der Sowjetunion vereinbart worden war. Der Begriff „Baltikum" steht nicht nur für die baltischen Staaten, sondern ist auch eine Metapher (bildlicher Begriff) für ein kriegerisches Aufmarschgebiet (vgl. Franz Fühmann, *Kameraden.* Novelle, 1955).
45	**Er zeichnete ihn von vorne**	Mahlke erscheint wie eine „Karikatur" (45) von Dürers Selbstbildnissen 1493 und 1500, von denen das von 1500 auch als Christusbild gilt. Die beiden Bilder und die Karikatur, „von vorne" gemalt, fallen durch den geometrischen Begriff auf: Das Gesicht Mahlkes gibt der Maler „als zum Kinn hin gespitztes Dreieck wieder." (45). Eine solche Verwendung von Vorlagen ist bei einem bildenden Künstler wie Grass nicht verwunderlich. Fragt man nach der Bedeutung einer solchen Verzerrung von Dürer zu Mahlke, so liegt sie auf der Hand: Der Mensch ist nur noch in den gröbsten Merkmalen gottähnlich, im Übrigen ist er zum Zerrbild Gottes und seines Sohnes, aber auch zum Zerrbild des Künstlers geworden. Diese Bildhaftigkeit drückt den

		Pessimismus des Autors aus, der ihn auf den Erzähler Pilenz überträgt. Er ist zeitweise ein „Sprachrohr für den authentischen Erzähler"[59] Grass.
48	**Eichendorff**	Der zweite Ritterkreuzträger schmückt seine Berichte besonders „schön" aus, um seinem ehemaligen Lehrer, dem „Eichendorffschwärmer" Brunies, zu gefallen (85). Als Mahlke vom Conradinum verbannt wird, trägt Brunies ausschließlich Eichendorff-Texte vor, ohne Mahlke zu erwähnen (109). Folgt man den Texten – deshalb werden sie genannt –, wird die Gegenwelt zum Krieg deutlich: „die schöne Welt", wie es in einem der zitierten Gedichte heißt.[60] Brunies hätte Mahlke „mit dem guten alten Eichendorff in der Tasche" (151) im Konflikt mit Klohse geholfen, aber er wurde ins KZ gebracht. Die Berufung auf Eichendorff ist **Ausdruck einer Protesthaltung**. Eichendorff beteiligte sich nicht am Antisemitismus der Berliner Romantik, ging tolerant mit der polnischen Minderheit in Westpreußen um und sprach, da er in Schlesien seine Jugend verbrachte, polnisch. Die Ministerien verhielten sich dem an einen „Völkerfrühling" glaubenden Dichter gegenüber sehr zurückhaltend; seine Lebensprinzipien entsprachen zudem nicht einem bürokratischen und autoritären Führungsstil.[61] Mit der Eichendorff'schen Dichtung bleibt die menschliche Gegenwelt im Bewusstsein. Das erste Kapitel der später genannten Novelle *Aus dem Leben eines Taugenichts* (109) entstand in Danzig.
48	**Dunkle Giebel, hohe Fenster**	Es ist der erste Vers des Eichendorff-Gedichtes *In Danzig* (1842). Neben der allgemeinen Rolle, die Eichendorffs Dichtung bekommt, wird nun die

---

59 Hasselbach, S. 78. An anderer Stelle wird festgestellt, dass dem aufmerksamen Leser auffalle, wenn „Pilenz ohne vorherige Ankündigung mit seinem Erfinder identisch" werde (ebd., S. 77).

60 Joseph von Eichendorff: *Frische Fahrt* (1810/12). In: Ders.: *Gesammelte Werke*, Bd. 1. Berlin: Aufbau-Verlag, 1962, S. 3.

61 Vgl. zu Eichendorff: Rüdiger Bernhardt: *Joseph von Eichendorff. Das lyrische Schaffen*. Königs Erläuterungen Spezial. Hollfeld: C. Bange Verlag, 2012, S. 24 ff., 91 ff.

		spezielle erkennbar. Er hatte bei Danzig-Langfuhr ein Landhaus, arbeitete als Regierungsrat für kulturelle und schulische Fragen in Danzig, kümmerlich besoldet, und lebte von 1821 bis 1824 dort. „Er zählte (...) nicht zu den nationalen Schreihälsen, vielmehr spottete er gern über die modische Vaterländerei.“[62]
48	**Freimaurer**	Kosmopolitischer Geheimbund, der aus mittelalterlichen Bauhütten hervorgegangen ist und deren Kunstlehre samt Riten und Symbolen übernahm. Freimaurer galten als Gegner des Feudalismus, brachen mit dem Ständewesen, kritisierten den Staat und dachten atheistisch. Bedeutende deutsche Denker, darunter Lessing, Goethe, Schiller, Herder und Wieland, waren Freimaurer. Mozarts Oper *Die Zauberflöte* war ein Werk im Sinne der Freimaurer. Nach 1933 wurden die Logen (Organisationsform der Freimaurer) gezwungen, sich aufzulösen.
49	**Stutthof**	In dem kleinen Ort an der Küste der Danziger Bucht richteten die Faschisten unmittelbar nach der Einnahme Danzigs ein **Konzentrationslager** ein (KZ). In die KZ wurden Gegner, Andersdenkende, auch Kriminelle, sogar Kriegsgefangene gebracht, unter härtesten Bedingungen zur Arbeit gezwungen und systematisch vernichtet. – Im Herbst 1939 wurde vor allem polnische Intelligenz und Geistlichkeit in das KZ Stutthof gebracht und kam dort ums Leben.[63] Es handelte sich um eine planmäßige Vernichtung polnischer Bevölkerung. Das reiche Dorf Stutthof mit 2698 Einwohnern wurde durch das KZ noch reicher und noch größer. „Sogar Eisenbahngleise wurden in dem Lager verlegt. Diese Gleise hatten Anschluss zur Strecke der Werderkleinbahn nach Danzig-Niederstadt. Das wussten alle (...)“[64]. Stutthof wurde zum „dunklen Wort“, an das sich böse Drohungen und makabre Witze knüpften:

---

62 Klaus Harpprecht: *Eichendorff, Brentano*. In: DIE ZEIT, Nr. 2 vom 4. Januar 2001, S. 42.

63 Schmidt u. a., S. 92, 252.

64 Grass, *Hundejahre*, S. 354.

		„‚Die machen jetzt Seife in Stutthof, man möcht sich schon nich mehr waschen.'"[65] Heute befindet sich im ehemaligen KZ Stutthof eine Gedenkstätte, die „auf grauenvolle Weise mit der Stadt Danzig verbunden"[66] ist.
57 f.	**Staffelgebete; Introibo ad altare Dei usw.**	Identisch mit den katholischen Stufengebeten (19), die vom Priester zu Beginn der Messe an den Stufen des Altars gesprochen wurden (nicht mehr nach der Liturgiereform 1963). Bruchstücke aus dem Psalm 42, der bei diesen Gebeten gesprochen wurde.
60	**den begehrten Bonbon**	Der Erzähler vermeidet bis kurz vor Schluss (179) den Begriff „Ritterkreuz". Die Bezeichnungen, die er dafür einsetzt, sind durchweg abwertend: „Ding" (103), „Apparat" (104), „Bonbon" (105), „Stück Eisen" (107), „Dingslamdei" (150). Das entspricht Mahlkes abwertender Betrachtung des Ritterkreuzes, das er ausschließlich zur Verdeckung des Adamsapfels benötigt und das für ihn den gleichen Stellenwert wie andere Anhänger (Schraubenzieher, Kurbeln u. a.) hat.
65	**Lessingbüste**	Sie standen bevorzugt in humanistischen Gymnasien, sollten auf die aufklärerischen Traditionen im Allgemeinen und auf den Toleranzgedanken im Besonderen aufmerksam machen. Die Lessingbüste im Conradinum steht in einer „Nische" (146). Dafür ist die Marmortafel für die Gefallenen beider Kriege – das Kapitel handelt im Juni 1944 – auffälliger und hat zudem „noch ziemlich viel Platz" (146).
65	**Setzetnichtlebenein …**	Die zitierten Worte sind die Schlussverse von Schillers Reiterlied am Ende von *Wallensteins Lager* (V.1104 f.). Sie wurden von den Nazis zur Vorbereitung auf den Opfertod für das Vaterland missbraucht. Ein Beispiel dafür ist Gerhart Hauptmanns *Die goldene Harfe* (1933), mit deren Uraufführung in München auf

65 Ebd.
66 Schmidt u. a., S. 252.

		Hitlers Weisung der erste „Tag der deutschen Kunst" 1933 eröffnet wurde. Gleichzeitig war das Stück Hauptmanns Versuch, sich mit den neuen Machthabern zu arrangieren. Neben Theodor Körners Gedichten wird in dem Stück durch Schillers Reiterlied „Wohlauf, Kameraden, aufs Pferd, aufs Pferd..." (2. Szene) der Tod für das Vaterland verinnerlicht.
73	**„Tsushima"**	Der Roman stammt von Frank Thiess (1890–1977), erschien 1936 und wurde Thiess' bekanntestes Werk und in mehreren hunderttausend Exemplaren verbreitet. Der Erfolg des Romans war weniger durch seine künstlerische Qualität bedingt – der Text ist mehr Bericht als Roman –, sondern durch die Spannung, die von den Schilderungen der russisch-japanischen Seeschlacht 1905 ausging. Sie wurden mit geradezu pedantischer Genauigkeit als dokumentarischer Bericht geboten.
73	**zwei Bände Dwinger**	Es handelt sich bei den Romanen Edwin Erich Dwingers (1898–1981) meist um autobiografisch begründete, nationalistisch überhöhte Tatsachenberichte, die den Ersten Weltkrieg, russische Gefangenschaft und Revolution behandeln. Gemeint sind vermutlich Dwingers *Armee hinter Stacheldraht* und *Zwischen Weiß und Rot*, Bestseller jener Jahre (114. und 97. Platz der deutschen Bestseller seit 1915).[67] Dwinger geriet im Ersten Weltkrieg in russische Kriegsgefangenschaft und brach 1919 aus einem Lager aus. Als roter Spion gefangen genommen, blieb ihm die Wahl zwischen Tod oder weißgardistischer Offizierslaufbahn, für die er sich entschied und wegen der er in rote Gefangenschaft geriet, erneut floh und nach einer abenteuerlichen Reise durch das revolutionäre Russland nach Deutschland gelangte. Er war im Nationalsozialismus ein erfolgreicher Schriftsteller, Reichskultursenator und Kriegsberichterstatter.

67 Vgl. Donald Ray Richards: *The German Bestseller in the 20th Century. A Complete Bibliography and Analysis 1915–1940*. Bern 1968. Ohne Paginierung.

77	**Dadada Daah**	Unter der von Mahlke bevorzugten Musik (Puccini, *Tosca*; Humperdinck, *Hänsel und Gretel*) fällt diese „zitierte" Sinfonie auf. Es handelt sich um Beethovens Sinfonie Nr. 5, c-Moll, op. 67, auch „Schicksalssinfonie" genannt, weil das Schicksal in dem zitierten Rhythmus anklopfe. Er wurde als Signal für BBC Londons deutschsprachige Sendungen während des Krieges berühmt, das Hören wurde von den Faschisten verfolgt.
81	**Studenten bei Langemarck, Walter Flex**	Im Oktober 1914 fielen beim Sturmangriff bei Langemarck (Langemark) sinnlos zahlreiche studentische Freiwillige, deren Tod zum Tod-für-das-Vaterland-Mythos stilisiert wurde. Der Dichter und Kriegsfreiwillige Walter Flex (1887–1917), der in *Wanderer zwischen beiden Welten* (1916) ebenfalls den Opfertod verkündete und damit Einfluss auf die Jugendbewegung hatte, fiel bei der Erstürmung der Ostseeinsel Ösel.
102	**Kolpinghaus**	Die Soziallehre des deutschen Priesters **Adolph Kolping** (1813–1865)[68] strebte eine Erneuerung der Gesellschaft an. Insofern ist Kolping auch ein symbolisch eingesetzter Name im Text. Kolpings Eltern waren Schäfer, er selbst lernte das Schusterhandwerk. Handwerker und Arbeiter sah er als Ausgebeutete und Schwache, deren Isolation Kolping ebenso überwinden wollte wie ihre soziale Not. Für ihn waren die Handwerker eine besondere Form des Proletariats, für die er den Handwerkerstand wiederherstellen wollte.
113	**Wehrertüchtigungslager**	Seit 1939 von der Hitlerjugend eingerichtete Lager, in denen die Hitlerjungen vor Reichsarbeitsdienst oder Wehrmacht vormilitärisch ausgebildet wurden. Es war eine Vorstufe für den Einsatz im Krieg. Zur Zeit der Handlung der Novelle gab es 143 Lager dieser Art, in denen 150.000 Hitlerjungen von fronterfahrenen Ausbildern gedrillt wurden.

68 Adolph Kolping wurde am 27. Oktober 1991 von Papst Johannes Paul II. selig gesprochen, nachdem die Bemühungen darum bereits ins 19. Jahrhundert zurückreichten und 1906 erstmals konkrete Form annahmen. 1926 wurde der Seligsprechungsprozess eingeleitet. Das Kolpingwerk hat heute auf allen Kontinenten 4000 örtliche Gruppen. Der deutsche Zentralverband ist mit 273.000 Mitgliedern die größte nationale Vereinigung.

123	**mehr oder weniger aus den Fugen**	Zitat aus Shakespeares *Hamlet.* Für Mahlke gibt es kaum noch Werte; er hält seine Zeit für „mehr oder weniger aus den Fugen" (123). Hamlet sagt es, als ihm der Geist seines Vaters begegnet. Es drückt sich mehr als Gespensterhaftes, auch das Unbehagen, die Angst vor der Zukunft und vor großer Enttäuschung darin aus. Mahlke zieht solche Situationen an sich, auch Attribute der Angst. Seine Vorbild- und Heldenhaftigkeit ist in Wirklichkeit verdrängte Angst. Mahlke verwendet das Zitat in einer ähnlichen Situation wie Hamlet; er beruft sich auf den verstorbenen Vater, als sich die Mutter zur Richterin aufspielt.
126	**kafkaesk**	Abgeleitet vom Namen des Schriftstellers **Franz Kafka** (1883–1924). Das Wort bedeutet etwa „grotesk, nicht mit dem Verstand zu erfassen". Pilenz als Erzähler, dem Eigenwilligkeit und „kafkaeske" Fähigkeiten bescheinigt werden (126), reagiert darauf nicht. „Kafkaeske" Fähigkeiten sind für Grass nicht lobenswert, weil sie zu wenig unmittelbares Leben gestalteten und in die Parabel, „ortlos" und „zeitlos", drängten.[69] In zahlreichen Äußerungen bekannte Grass sich zu Orten und Zeiten, verzichtete auf Parabeln.
127	**Tuchler Heide**	Heide- und Waldgebiet südwestlich von Danzig; bekannt geworden durch den Angriff polnischer Ulanen, die 1939 mit eingelegter Lanze gegen deutsche Panzer geritten waren und dabei heroisch, aber sinnlos untergingen.[70]
132	**sieben Brüder**	Pilenz schreibt von sieben Klassenkameraden und kommt, je mehr die Handlung dem Ende zu geht, in Bedrängnis, nicht genügend zu wissen. Schließlich endet das im Verzweiflungsschrei „Wer schreibt mir einen guten Schluß?" (178). Die Sieben sind Esch, Kupka, Mahlke, Pilenz, Schilling, Hotten Sonntag und

---

69 Vgl. dazu Arker, S. XXV, Anm. 31, und Ritter, S. 87.

70 Vgl. Klaus Harpprecht: *Als alles möglich schien. Im Warschauer Herbst 1956 ...* In: DIE ZEIT, Nr. 26 vom 18. Juni 1998, S. 45.

		Winter. Tulla bewegt sich als einziges Mädchen im Umfeld der Gruppe, ohne zu ihr zu gehören. Das macht die märchenhafte Konstellation deutlich. Die eine Schwester und ihre sieben Brüder (Das Märchen von *den sieben Raben* der Gebrüder Grimm) erleben Abenteuer und ringen um ihre Identität. – Hatte im I. Kapitel die Marienkapelle einen Turnhallencharakter, so wirkt im VII. Kapitel die Turnhalle des Conradinums wie eine Kapelle: „Unsere neugotische Turnhalle wirkte im gleichen Maße feierlich, wie die Marienkapelle auf Neuschottland den nüchtern gymnastischen Charakter einer ehemaligen und modern entworfenen Turnhalle beibehielt." (89) Alles wird austauschbar: Mannschaftswahlen geraten zu Priesterweihen, Spiele erfolgen wie Beten in Demut. Der Umkleideraum wird Sakristei genannt; selbst die Turnkleidung entspricht mit „meßdienerroten Turnhosen" (90) dem Austausch.
153	**Freiherr von Conradi**	Er war der Namensgeber des Conradinums, das seinen Namen einer Stiftung vom Ende des 18. Jahrhunderts mit dem Geld von Karl Friderick (Friedrich) Freiherr von Conradi verdankt. Conradi (1742–98) stammte aus einer Danziger Patrizierfamilie und war Kämmerer des Königs. Er hatte Gymnasium und Alumnat durch die Stiftung seines Grundeigentums und der Hälfte seines Geldvermögens als private Bildungsstätte gegründet, um den Söhnen „von Bettelmann, Edelmann, Bauer, Pastor"[71] eine Bildungsstätte zu schaffen. Die Schule spielt eine zentrale Rolle in der Novelle, wird aber auch im Roman *Hundejahre* beschrieben. Der Hinweis auf den Stifter der Anstalt, „käsig und unsterblich unter dickem spiegelndem Firnis" (153), löst eine Fülle von Assoziationen aus. Aufklärerische Traditionen werden mit „Stiftung" und „Geist" (153 f.) bestätigt. Aber diese Traditionen werden, wie der Leser seit dem VII. Kapitel weiß, durch Nationalismus und Krieg entwertet.

---

71 Grass, *Hundejahre*, S. 116.

156	**Kierkegaard**	Der Name des dänischen Philosophen und Theologen Sören Kierkegaard (1813–55) signalisiert Mahlkes Absicht, vor der Welt und aus der Welt zu fliehen. Kierkegaard hatte 1844 *Der Begriff Angst* und 1845 *Stadien auf dem Weg des Lebens* veröffentlicht. Beide Titel könnte Mahlke gemeint haben, wenn er Pilenz erzählt, „neuerdings ziemlich viel Kierkegaard" zu lesen. Da er im gleichen Zusammenhang erklärt, nicht heiraten zu wollen und nur an die Jungfrau Maria zu glauben, hat er wahrscheinlich *Entweder-Oder* mit dem *Tagebuch des Verführers* nicht gelesen. Mahlkes Denken korrespondiert mit Traditionen dreier programmatischer Lehren des 19. Jahrhunderts: Kolping, Marx und Kierkegaard.
156	**Dostojewski**	Das Werk des russischen Schriftstellers Fjodor M. Dostojewski (1821–1881) ist umfangreich, aber Mahlke meint einen bestimmten Titel von Dostojewski. Seit dem 19. Jahrhundert bemühten sich europäische Schriftsteller um Christus als literarische Figur. Damit setzte sich auch Dostojewski auseinander: In seinem Roman *Die Brüder Karamasow* wurde ein Christus in das mittelalterliche Spanien versetzt und von der Inquisition eingesperrt. Ähnlich sieht Mahlke am Ende sein Schicksal.
157	**den sogenannten letzten Fragen**	Im letzten Gespräch mit Pilenz geht es um Grundsätzliches: „Gibt es ein Leben nach dem Tode? Oder: Glaubst du an Seelenwanderung?" (156) Mahlke teilt dazu Pilenz seinen neuen Lektürekanon, Kierkegaard und Dostojewski, mit, die diese Frage binden an den Umgang mit der Angst. Angst verbindet sich bei Grass oft mit einer festen Metapher: November. Diese Metapher ist bei Grass politisch geprägt (die deutschen November-Ereignisse im 20. Jahrhundert) und wurde auch zum Titel (*Novemberland*, Gedichte, 1993).

178	**... was mit Katze und Maus begann, quält mich heute als Haubentaucher**	Dieses vom Erzähler verzweifelt ausgestoßene Bekenntnis erscheint in späteren Werken, vor allem im Roman *Ein weites Feld*, wieder. Katze und Maus stehen für Jäger und Gejagten, der Haubentaucher für Auferstehung und den Ausgleich der Gegensätze. Pilenz will endlich seinen Frieden machen und von Mahlke Vergebung erlangen, dazu müsste er aber auftauchen.

3.6 Stil und Sprache

ZUSAMMEN-
FASSUNG

Grass verfügt über ein ausgeprägtes Gefühl für sprachliche Klänge und setzt es ein; so entstehen orientierende Wortketten. Darüber legt sich ein dichtes Netz von Symbol- und Motivketten, zu denen auch geometrische Begriffe gehören: Kreuz und Dreieck sind in diesem Text von besonderer Bedeutung. Bestimmte Wörter („einmal", „also" u. a.) haben textstrukturierende Bedeutung; Verkürzungen und Auslassungen (finite Verbformen, Subjekte) führen zu einem militanten Stil und kennzeichnen die Repräsentanten des nationalsozialistischen Systems.

Andere Besonderheiten der Sprache um Günter Grass lassen sich zusammenfassen:

- → Es finden sich in eine hochsprachliche Gesamtstruktur eingebaute volkstümliche und mundartliche Wendungen, die bis zum Dialekt gehen (166).
- → Synonymische Entsprechungen umschreiben eine Sache wie z. B. das Ritterkreuz und drücken die Haltung gegenüber der Sache aus.
- → Vermenschlichungen und Personifizierungen geben dem Text einen bestimmten Rhythmus: „Ich hatte Wut im Bauch, und die Wut bekam Junge." (165) Die Wiederholung von „Wut" und die Tatsache, dass der Wut Kinder zugeschrieben werden, machen solche Besonderheit aus. Diese Besonderheiten und die sprachliche Vielfalt erschweren die Übersetzungen der Texte Grass'.[72]

---

72 Einen schönen und witzigen Einblick in die Werkstatt der Übersetzer von Grass bietet Christof Siemes: *Treue Arbeiter im Textberg des Herrn*. In: DIE ZEIT Nr. 1, 28. Dezember 2006, S. 50.

Sprachexperimente und Sprachspiele

Mundart, Dialekt und Fremdsprachliches

Besonderheiten wie die Verwendung von Mundart und Dialekt, selbst Fremdsprachliches wie Polnisch (Schiffsnamen) gehören zum Kontext der Novelle. Grass' Sprache zeigt ein besonderes Gefühl für Rhythmen und Klänge, Ableitungen und Synonyme. Episches geht in sprachliche Experimente und Sprachspiele über. Der Beginn der Novelle liefert ein erstes Beispiel: Zufällig beginnend in einem Erinnerungsfluss – deutlich gemacht an dem temporalen Adverb „einmal" und der temporalen Konjunktion der Vorzeitigkeit „als" –, verschränken sich drei Wortketten miteinander und bilden einen Text, der aus Erinnerungen Handlung entstehen lässt: Schlagball, Zahn und Katze. Der Schriftsteller bekannte sich in *Grimms Wörter. Eine Liebeserklärung* (2010)[73] durchgängig zum Verfahren, **Erinnerungsfluss durch Sprachfluss zu beschreiben** und ließ es zur Methode des Buches werden (z. B. G, 34 ff.).

Symbol- und Motivgeflechte

Geometrische Begriffe

Ein dichtes Symbol- und Motivgeflecht organisiert und strukturiert die Novelle. Es stellt an das Rezeptionsvermögen des Lesers hohe Ansprüche, auch an seine Allgemeinbildung, an sein Geschichtsverständnis und vor allem an sein Wertebewusstsein. Geometrische Begriffe spielen eine besondere Rolle: Dreieck, Kreuz, Trapez, Winkel, Parallelen usw. Die beiden wichtigsten heiligen Zeichen, Kreuz und Dreieck, werden auf Mahlke bezogen; er wird ihnen ausgesetzt. Der erste Angriff auf ihn erfolgt aus einem „Dreieck" (6) heraus. Erstrebenswertes Ziel, um seinen Makel zu verdecken, ist ein Kreuz; ein Kreuz bildet sich aber auch auf seinem Kopf (der Blechbügel der Ohrenschützer „kreuzte", 51, seinen Scheitel). Unter dem Kreuz versieht er auch seinen Dienst für die Jungfrau Maria. Beide Zei-

---

73 Im Folgenden zitiert: G und Seitenangabe.

chen werden in der Novelle zu Symbolen des Nationalsozialismus umgewertet, Ritterkreuz und KZ-Symbol.

Wort- und Bedeutungsfelder

Die sprachlichen Mittel stammen aus allen stilistischen Ebenen, sie öffnen über den Informationswert hinaus Wort- und Bedeutungsfelder, die erschlossen werden müssen. Bereits zu Beginn wird das deutlich. Nach einer Beschreibung, die sich zwischen sportlichem Wettkampf und Idylle bewegt, folgt der Satz: „Das Krematorium zwischen den Vereinigten Friedhöfen und der Technischen Hochschule arbeitete bei Ostwind." (5) Pilenz konnte 1940 allenfalls damit seine „Geruchsempfindlichkeit"[74] ausdrücken Für den Leser, der historische Erfahrungen einbringt, aber auch den Erzähler Pilenz ist dieser Satz 1960 (oder heute) aufschreckend; er enthält Begriffe, die in diesem Kontext belastet sind: „Krematorium" und „Friedhof", gekoppelt mit der „Technischen Hochschule" deuten auf die technisch-wissenschaftlich betriebenen Massenvernichtungen durch die Deutschen nach 1942 hin, als der Holocaust in die Phase systematischer Vernichtung der Juden Europas trat, „Ostwind" wird zum Symbol des Krieges im Osten.

Sprache der nationalsozialistischen Repräsentanten

Kürzungen, Auslassungen und Verluste

Die Sprache der Ritterkreuzträger, aber auch Klohses (154), ist im Gegensatz zur Sprache des Erinnerungsflusses durch Kürzungen, Auslassungen und Verluste geprägt. Verben fehlen oft oder werden auf Hilfsverben reduziert. Sprachliche Erstarrung ist die Folge. In anderen Passagen wird auf das Subjekt verzichtet („Warte auf Klohse.", 148), Befehle und Kommandos klingen an und lassen den

74 Hasselbach, S. 77.

Krieg als Sport erscheinen, als ein „faszinierendes Kampfspiel“[75]. Aber dabei bleibt es nicht: Die Sprache der Repräsentanten des Nationalsozialismus wird zunehmend militant, aber auch simpel und einfallslos; das verstärkt sich in dem Maße, wie der Krieg voranschreitet. Traditionelle Werte werden zu inhaltlich wertlosen Versatzstücken (65).

Eröffnung und Schluss

Verräterisches „einmal“

Die Novelle wird durch das verräterische „einmal“ eigenwillig und scheinbar zufällig **eröffnet**. Es kehrt mehrfach wieder (15, 19, 69) und hat eine doppelte Funktion: Es konstatiert den Beginn einer Erinnerung, die Vergangenes beschreibt, und es erinnert an die Eröffnung von Märchen und deutet damit die notwendige Unschärfe des Beschriebenen und seine phantastischen Elemente an. Der zufällige Beginn der Novelle ist andererseits bewusst gesetzt und stellt eine Selbstüberwindung dar: Mit ihm beginnt der Erzähler, die Schuld gegenüber Mahlke einzugestehen.

Der **Schluss** der Novelle erinnert an die Eröffnung (Rahmenschluss). Der Haubentaucher löst die Katze ab und wird zum Symbol für Ausgleich und Vermittlung; er verschwindet plötzlich, taucht aber „jedesmal überraschend (...) anderswo als vermutet“[76] auf. Das würde Pilenz‘ Entsühnung und einen „guten Schluss“ des Erzählten gleichermaßen bedeuten; die Beichte hätte ihren Sinn bekommen. Der letzte Satz aber lautet: „Aber du wolltest nicht auftauchen.“ (179) Die Aktualität des Themas – Heroisierung der Taten des Zweiten Weltkrieges – lässt einen „guten Schluss“ auch heute noch nicht zu.

---

75 Manfred Durzak: *Entzauberung eines Helden. Günter Grass. Katz und Maus*. In: ebd., S. 272.
76 Günter Grass: *Ein weites Feld. Roman*, S. 162.

3.7 Interpretationsansätze

ZUSAMMENFASSUNG

Begriffe, Namensnennungen und eine Vielzahl an Symbolen bieten Möglichkeiten der Interpretation:

→ Im Zentrum steht die **Aufarbeitung von Schuld** und Scham als Sühnevorgang, wobei der Vorgang nicht als historisch, sondern als aktuell begriffen werden muss.
→ Die Novelle kann als **säkularisierte Darstellung der christlichen Leidensgeschichte** gelesen werden.
→ Neben literarischen Traditionen, die benannt werden können, sind es vor allem literarische Vergleiche und Beziehungen, die Symbole und Motive, die das Schicksal Joachim Mahlkes historisch relevant werden lassen.
→ Die Novelle verfolgt Bildung, Herkunft der Verhaltensmuster der Kleinbürger und Vermittlung des nationalsozialistischen Denkens durch die Schule auf dem Weg in einen faschistischen Staat.
→ Pilenz hat für sein Erzählen die Wahl zwischen Kafka und Heinrich Böll, die zu Gunsten Bölls entschieden wird. Das Erzählen erweist sich als geistige Orientierung, denn: Die humanistische Bildung hat nicht vor der Barbarei des Nationalsozialismus bewahrt, soll aber nun vor erneuter Barbarei schützen.
→ Von diesem Text aus können **Verbindungen zu anderen Werken** Grass‘ hergestellt werden.

Neben den „Scharfrichter(n) und Rechthaber(n) aus den Zeitungsredaktionen“[77] wurden nach 2006 im Zusammenhang mit der Autobiografie *Beim Häuten der Zwiebel* die Werke Grass‘ ernsthaft neu bedacht, darunter auch *Katz und Maus*:

Neubewertung nach *Beim Häuten der Zwiebel*

→ Die Autobiografie, die selbst Dichtung und Kunstwerk ist, verwies auf die Nähe zwischen Erlebtem und Erfundenem, die fließenden Grenzen. Nichtfiktives und Fiktives gehen in Grass‘ Werk ständig ineinander über. Fiktives kann die Biografie ergänzen und erklären, Nichtfiktives das Kunstwerk verständlicher machen.

→ Mehrere Figuren bilden als Figurenensemble eine Variante des Grass'schen Charakters: Nicht nur Mahlke als Kriegsgegner ist dem Schriftsteller ähnlich, wie zumeist angenommen wurde, sondern auch der schuldig gewordene, scheinheilige Pilenz. So wie er als Erzähler Schuld zu bewältigen versuchte, so unternahm es Grass als Schöpfer dieses Erzählers. Grass betonte nach dem Erscheinen der Novelle 1960 oft die Aktualität des Themas der Novelle, dass nach wie vor „ehemalige Nationalsozialisten den angestammten Besitz wahrten, im Amt blieben, sich weiterhin am Katheder festhielten und bald in der Politik ihre Karriere fortsetzten“[78]. Mahlke, tauchte er auf, wäre dagegen und auch in der Nachkriegszeit ein Deserteur geblieben.

Säkularisierte Leidensgeschichte

Die Novelle bietet in jedem ihrer Begriffe, mit jeder Namensnennung oder mit ihrer Vielzahl an Symbolen Möglichkeiten der

Diskussionsmöglichkeiten

---

77 Christof Siemes: *Treue Arbeiter im Textberg des Herrn*. In: DIE ZEIT Nr. 1, 28. Dezember 2006, S. 50.

78 Günter Grass: *Freiheit nach Börsenmaß*. In: DIE ZEIT vom 4. Mai 2005, Nr. 19, S. 1.

Diskussion. Sie eignet sich deshalb in besonderer Weise für den Unterricht.[79] Kontroverse Meinungen werden die Regel sein; auf allgemeine Übereinstimmung ist nicht zu zählen, selbst in fachwissenschaftlichen Seminaren nicht, wie wir aus einem Bericht Hans Mayers wissen: Auch junge Menschen machten „entrüstete Einwürfe" zur umstrittenen Szene des Wettonanierens[80], obwohl sich die Novelle als weltliterarischer Text durchgesetzt hat.

Mahlke und Christus

Eine Interpretationsmöglichkeit ist, die Novelle als **säkularisierte Darstellung der Leidensgeschichte** Jesu Christi zu lesen. Die Parallelen zwischen der Leidensgeschichte Jesu Christi und der Joachim Mahlkes, zwischen Judas und Pilenz ergeben sich aus der fortwährenden Wiederkehr dieser Ereignisse, dabei in immer schlichtere Verhältnisse geratend. Eine Erlösung ist in weite Ferne gerückt; Verbrechen sind nicht in genügendem Maße nach irdischem Recht gesühnt worden. Die Konstellation des Einzelgängers, der auch Beschützer und Retter ist, trifft auf Mahlke zu: Er rettet Tulla vor dem Ertrinken, einen Tertianer ebenfalls. Aber auch der Verrat ist immer gegenwärtig (Pilenz), und immer sind die Hohenpriester oder Politiker zur Stelle, ob sie nun Kaiphas und Pontius Pilatus bei Jesus oder Klohse bei Mahlke heißen. Die Novelle kann als ironische (pikareske) Umkehrung oder als Zurücknahme eines erhofften Erlösungsvorgangs und damit als karikierte Heilslehre gelesen werden: als Beispiel von Vernichtung, Hoffnungslosigkeit und Trostlosigkeit. Der Stoff und seine zeitlich genau nachvollziehbare Handlung werden durchgehend begleitet von zahlreichen, ins Mythische reichenden Motiven aus dem christlichen Bereich. Grass

79 Vgl. Hans Lucke: *Günter Grass' Novelle „Katz und Maus" im Unterricht*. In: Der Deutschunterricht 21 (1969), S. 86 ff.

80 Hans Mayer: *Günter Grass und seine Tiere*. In: Arnold (Hg.): Günter Grass. TEXT + KRITIK Nr. 1 (1997, 7., revidierte Auflage), S. 78.

hat dabei eingearbeitet, dass der Katholizismus in Polen Reste heidnischer Traditionen in sich bewahrte – in dem Roman *Hundejahre* wird der Rückgriff auf die heidnischen litauischen Götter noch auffallender – und dass „zum Beispiel der Marienkult das Verhältnis zu Jesus Christus und zur Bergpredigt weit überragt“[81].

Die literarischen Beziehungen

Tradition der Schulgeschichte

Neben den christlichen Motiven sind die **literarischen Anspielungen** und Nennungen umfangreich, lassen aber kein *unmittelbares* literarisches Vorbild erkennen. Die Novelle betreffend, hat Grass auf Parallelen zu Henri Alban Alain-Fourniers *Le grand Meaulnes* (Der große Kamerad) und Robert Musils *Die Verwirrungen des Zöglings Törleß* hingewiesen.[82] Die Novelle lässt sich in einen Kontext stellen, der um Schulgeschichten Thomas Manns, Hermann Hesses und Heinrich Manns erweitert werden könnte.

Verbindungen zu anderen Werken Grass'

Der Beginn der Novelle „... und einmal“ setzt in dem Moment ein, als der Erzähler seine **Schuld** gegenüber Mahlke zu ahnen beginnt und das Erzählen auslöst. Die Novelle, die uns der Erzähler anbietet, ist seine Erfindung. Er aber ist die Erfindung eines anderen, „der uns erfand, von berufswegen“ (6). Das Erzählenswerte ist einmalig, außergewöhnlich, damit wird das Novellistische eingeführt. Es erinnert an den Beginn von Theodor Storms Novelle *Der Schimmelreiter*. Der Erzähler hat zusätzliche Erinnerungen an die Einmaligkeit, denn eigentlich „hätte (er) zum Zahnarzt gehen sollen“ (5). Der Leser spürt, dass von diesem Text Verbindungen zu anderen Werken hergestellt werden. Der Zahnarzt weist auf *örtlich betäubt*, den Roman von 1969, in dem sich der Leidende und Erzählende gleich

---

81 Günter Grass: *Nicht nur in eigener Sache*. In: Heinz Ludwig Arnold und Franz Josef Görtz (Hrsg.): Günter Grass – Dokumente zur politischen Wirkung. Stuttgart, München, Hannover 1971, S. 315.

82 Vgl. Detlef Krumme: *Der suspekte Erzähler und sein suspekter Held. Überlegungen zur Novelle ‚Katz und Maus'*. In: Manfred Durzak (Hrsg.): Zu Günter Grass. Geschichte auf dem poetischen Prüfstand. Stuttgart 1985, S. 73.

anfangs zu erkennen gibt. „Ich verlor meine Milchzähne im Hafenvorort Neufahrwasser."[83] Dort wohnten Stauer und Arbeiter der Schichau-Werft. Der Beginn der Novelle führt Vorliegendes weiter und ordnet es anderen Texten zu. 1959 war der Roman *Die Blechtrommel* erschienen, 1961 erschien *Katz und Maus*, 1963 der Roman *Hundejahre*. Daraus wurde die *Danziger Trilogie*. Das weiterführende „... und einmal" zu Beginn der Novelle sucht auch die Beziehung zur *Blechtrommel*, nimmt einen Nebenstrang der Handlung auf und führt ihn aus, mündet schließlich in den *Hundejahren* wieder in der „Neunundzwanzigsten Frühschicht" in die übergreifende Handlung mit dem Satz: „Schlagball hieß der Sport jener Schuljahre"[84] ein.

Das Versagen der humanistischen Bildung

Wichtiger als literarische Vergleiche und Beziehungen sind die literarischen Symbole und Motive, die über das Schicksal Joachim Mahlkes hinausweisen. Mahlkes Entwicklung als Metapher für den „individuell-historischen Fall Deutschlands" zu nehmen und in ihm die „Geschichte des abendländischen Geistes"[85] wiederzufinden, reicht zu weit. Es geht Grass um die Einsicht in die nationale Schuld der kleinen Leute. Andererseits geht es nicht nur „um die Darstellung eines großen einzelnen, der aus kümmerlichen Anfängen schon im Kontext der Jugendlichen-Gruppe (...) allmählich zum ‚Großen Mahlke' wird"[86]. Es geht in der Novelle um ein Deutschland,

Die Schuld der Kleinbürger

83 Grass, *örtlich betäubt*, S. 9.

84 Grass: *Hundejahre*, S. 125.

85 Johanna E. Behrendt: *Die Ausweglosigkeit der menschlichen Natur. Eine Interpretation von Günter Grass' ‚Katz und Maus'*. In: Rolf Geißler (Hrsg.): Günter Grass. Materialienbuch, Darmstadt 1976, S. 121 und 127 (zuerst in: Zeitschrift für deutsche Philologie, 1968, S. 546 ff.).

86 Manfred Durzak: *Entzauberung des Helden. Günter Grass: Katz und Maus*. In: Winfried Freund (Hg.): Deutsche Novellen. München: Wilhelm Fink Verlag (UTB), 1993, S. 270 f. – An gleicher Stelle (S. 270, Anm. 15) wird eine Übersicht über mögliche andere Interpretationsansätze gegeben.

das zum nationalsozialistischen „Großdeutschen Reich" wurde. Der Vorgang wird an Kleinbürgern beschrieben.

Die Novelle verfolgt die Bildung dieser Kleinbürger, die Herkunft ihrer Verhaltensmuster und die Vermittlung des nationalsozialistischen Denkens durch die Schule. Während Mahlke in seiner Lektüre zu Kierkegaard und Dostojewski gelangte, ohne dass die Schule diesen Weg gezeigt hätte, Pilenz später Heinrich Böll, Friedrich Heer, Léon Bloy und die Gnostiker liest, blieben andere bei Frank Thiess (1890–1977, Vertreter der „inneren" Emigration) und Edwin Erich Dwinger (1898–1981, Vertreter der NS-Literatur) stehen. Aus der privaten Lebensbeichte Pilenz' wird im offenen Ende, ohne den erwünschten „guten Schluss", die Abrechnung mit einer Epoche, die noch nicht zu Ende ist. Dazu hat Pilenz die Wahl zwischen Kafka und Heinrich Böll, die zu Gunsten Bölls entschieden wird. Eine der Erzählungen Bölls „unterläuft" ihm beim Erzählen und charakterisiert, wie humanistische Bildung zur Farce wird und keine Humanität entwickelt. Als Pilenz sich an die Rede des Direktors Klohse, Oberstudienrat und Amtsleiter, erinnert, fällt ihm ein Schlagwort ein, das den Titel einer Erzählung Bölls bildet, die sich mit den gleichen Vorgängen befasst: „Wandererkommstdu" (65), bei Böll hieß es 1950 *Wanderer, kommst du nach Spa...* Als Luftwaffenhelfer erlebt Pilenz im Unterricht das Nebeneinander von Goethes *Hermann und Dorothea,* „das Gewehr 98 K" und „Grüßen im Vorübergehn" (130). Gemeint ist Gleiches: Die humanistische Bildung, die hinter dem auch bei Böll erzählten Vorgang steht – die Verteidigung des Vaterlandes, hat nicht vor der Barbarei des Nationalsozialismus bewahrt. Um zu dieser Erkenntnis zu kommen, muss auch Pater Alban wirksam werden, der Pilenz empfiehlt: „schreiben Sie sich frei" (126). Freischreiben reagiert auf das Versagen der humanistischen Bildung, der Humanität und auf die Schuld, die der Erzähler empfindet. Der Nationalsozialismus hatte sie in

„Wanderer-kommstdu"

Anspruch genommen, um seine verbrecherische Politik moralisch zu legitimieren. Die Erzählung Pilenz‘ versucht angestrengt Sühne und Beichte, die wohl mündlich begonnen wurde, den Übergang vom Mündlichen zum Schriftlichen zu Beginn der Novelle markiert („... und einmal“, 5) und sich endgültig für das Schriftliche entscheidet: „Ich aber, der ich deine Maus einer und allen Katzen in den Blick brachte, muss nun schreiben.“ (6) Auf Beichte deutet hin, dass Pilenz auf den „Beichtspiegel“ (39), die Hilfe bei der Vorbereitung auf das Sakrament, verweist.

Exemplarische Bedeutung der Novelle

Einen übergreifenden Interpretationsansatz bietet der Schluss. Pilenz erinnert an den Beginn der Novelle, die als mythisch-archaische Ausgangssituation von Adam und Eva, Maus (übergroßer Adamsapfel) und Katze, Verführtem und Verführerin, Gejagtem und Jägerin gelesen werden kann. Damit erhält die Novelle eine exemplarische Bedeutung für mythische, historische und gegenwärtige Schicksale. Am Ende steht der Haubentaucher, der zu den „geschickten Wasservögel(n)“ (178) gehört. Seine mythische Dimension bekommt er durch seine Anpassungsfähigkeit an das Wasser. Haubentaucher, die „Überraschungskünstler unter den Wasservögeln“[87], bieten nach Grass, der ihnen in seinem Roman *Ein weites Feld* (1995) Platz einräumt, immer „ein Gegenprogramm“[88], verschwinden, tauchen aber an anderer Stelle unbeschädigt wieder auf. Der Hinweis auf den Haubentaucher lässt die Chance, dass auch Mahlke oder mindestens sein Schicksal wieder auftaucht, aufersteht und so die Möglichkeit bietet, die Kriegsverherrlichung der alten Ritterkreuzträger und die Verbrechen des Krieges doch eines Tages zu richten und sie dadurch wirklich Vergangenheit werden zu lassen.

Haubentaucher als Symbol

---

87 Grass, *Ein weites Feld*, S. 163.
88 Ebd., S. 125.

4. REZEPTIONSGESCHICHTE

ZUSAMMEN-FASSUNG

Sofort nach ihrer Veröffentlichung 1961 erlebte die Novelle umfangreiche Kritik und Ablehnung von Seiten christlich-konservativer Leser, die über das Literarische hinausging. Davon unterschieden sich polnische Leser, zumal der jüngeren Generation, die einen ungewöhnlichen Blick auf die Novelle warfen. Der nach der Novelle gedrehte Film von 1967 erregte wiederum die Gemüter und sollte die Förderung entzogen bekommen. Die Sicht auf die Novelle veränderte sich nochmals 2006 nach Grass' Geständnis, zur Waffen-SS eingezogen worden zu sein.

Polarisierende Kritik, Ablehnung und Anerkennung

Jugendgefährdend oder Schulstoff?

Die Novelle hatte ein außergewöhnliches Schicksal: Sie sollte, „kaum erschienen, als jugendgefährdend eingestuft werden", wurde „dann aber als Schulstoff freigegeben" (Z, 93). Vor allem das christlich-konservative Publikum stieß sich „an vermeintlich Blasphemischem und Pornographischem, wie dem erotisch durchtränkten Marienkult von Mahlke und der legendär gewordenen Masturbationsszene. Eben diese Szene wurde auch bei der Jahre später ausgestrahlten Verfilmung geschnitten und war prominentes Opfer in vielen Übersetzungen."[89] Zuvor aber sollte die Verfilmung verhindert werden und, als dass misslang, die Ausstrahlung des Films im Fernsehen. Anlass war immer auch der kritische Umgang Grass' mit Ritterkreuz und „Heldentaten".

---

89 Mayer-Iswandy, S. 96.

Die Wirkung der Novelle ging weit über das Literarische hinaus. Deshalb waren auch die Kritiken weniger von literaturästhetischen Fragen bestimmt, sondern mehr von politischen Bekundungen. Bis zum heutigen Tag reizt der Text zur Stellungnahme und enthüllt dabei die geistige und politische Verfassung der Kritiker und Rezipienten. Polarisierungen sind dabei ebenso an der Tagesordnung, wie sich aktuelle Vorgänge mit der Novelle verbinden lassen.

Dokumentationen der Kritik

Die **Kritik zur Novelle** ist umfangreich und deshalb schwer als Auswahl zu bieten (s. S. 114 ff. dieser Erläuterung). Sie liegt mehrfach dokumentiert vor.[90]

Eine polnische Sicht auf die Novelle

Einen ungewöhnlichen Blickwinkel auf die Novelle hatten junge Polen, die ihre Meinungen nach 1989 einer studentischen Forschungsgruppe zur Verfügung stellten. Bis zur Lektüre der Novelle hatten sie Danzig,

> „unsere Stadt nur von heute gekannt. (...) Und plötzlich erfuhren wir Gdańsk auf ganz andere Art und Weise. Durch das Buch *Katz und Maus* kam uns die Stadt von damals viel näher. Die Hauptfigur der Erzählung, ‚der Große Mahlke', der sich von den anderen immer ein bisschen unterscheidet, bleibt die Geschichte hindurch häufig mysteriös, für seine Umgebung und den Leser manchmal sogar unheimlich. Alles, was er tut, ist mit seinem Adamsapfel verbunden."[91]

---

90 Vgl. Ritter, S. 95 ff.; Loschütz sowie Hermes/Neuhaus, S. 118–126.
91 Schmidt u. a., S. 256 f..

Seine zunehmende **Isolation** wird von den polnischen Lesern vermerkt, seine **Desertion** als konsequente Folge erkannt, sein Verschwinden erscheint geheimnisvoll.

> „(...) nachdem wir dieses Buch gelesen hatten, wurde uns Gdańsk zu einem Rätsel. – Wir wollten auf einmal genau wissen, wo was passiert ist. Das Haus in der Osterzeile, in dem Mahlke mit seiner Mutter und der Tante wohnte, seine zwei Schulen und die Kirche, wo er seinen großen Glauben an die Jungfrau Maria zum Ausdruck brachte."[92]

Novelle und Film

Debatte anlässlich der Verfilmung 1967

Wie um die Novelle entstand auch um den **Film** *Katz und Maus* (Produzent und Regisseur: Hansjürgen Pohland) eine heftige Diskussion. Die Uraufführung fand am 2. Februar 1967 im Berliner „Atelier am Zoo" statt; das Fernsehen brachte ihn erstmals am 5. August 1974. Joachim Mahlke wurde von Willy Brandts Söhnen Lars (der jüngere Mahlke) und Peter (der ältere Mahlke) gespielt. Noch vor der Uraufführung stellte man im Deutschen Bundestag die dem Drehbuch zugestandene Förderung in Frage. Der FDP-Abgeordnete Dorn hatte eine entsprechende Anfrage gestellt, weil er in dem Film eine Verunglimpfung des Eisernen Kreuzes sah. Vertreter von 75 Soldaten- und Traditionsverbänden waren sich mit Abgeordneten wie Dorn einig, Szenen des Films als „derart widerlich (zu empfinden), dass es unvorstellbar ist, wie ein Mensch mit ethischem Niveau, diese nicht als anstößig empfinden kann"[93]. Gegensätz-

Protest von Soldaten- und Traditionsverbänden

---

92 Schmidt u. a., S. 70, 258

93 Ritter, S. 175.

Mahlke (Darsteller: Peter Brandt) als dekorierter Soldat in der Verfilmung *Katz und Maus*
© ullstein bild

liche Meinungen, die auch ehemalige hohe Offiziere, Generäle und Admirale äußerten, wurden abqualifiziert, das „Ehrgefühl gewisser deutscher Soldaten" sei „stumpf" geworden.[94]

94 Erwin Schönborn: *Soldaten verteidigen ihre Ehre*. Frankfurt a. M. 1974, S. 25. Zitiert nach: Ritter, S. 178. – Vgl. dazu: Heinrich Biermann und Winfried Klothen: *Literatur und Öffentlichkeit*. Düsseldorf 1982 (2. Auflage), S. 95 ff.

Internationale Rezeption

In mehr als 20 Sprachen übersetzt

Die Zahl von mehr als 20 Übersetzungen ist außergewöhnlich. Die Novelle wurde, ähnlich wie die *Blechtrommel*, in Polen gleich zweimal herausgegeben, einmal 1963 und ein weiteres Mal 1990.[95] Sie ist auch Thema der Literatur geworden: Im Roman *Owen Meany* (dt. 1990) des amerikanischen Schriftstellers **John Irving (geb. 1942)** will der Erzähler, ein Lehrer, im Unterricht *Katz und Maus* lesen und wird deshalb von einer Kollegin attackiert. Irving bekannte sich zur Nachfolge von Grass. Als er 2002 über seine Arbeitsmethoden, insbesondere über die mehrfache Verwendung gelungener Szenen, Auskunft gab, berief er sich dabei auf *Katz und Maus*: „Mir gefällt es wahnsinnig gut, wie in *Katz und Maus* dieser Idiot mitten am Strand seine Trommel schlägt. Wenn Sie je *Die Blechtrommel* gelesen haben, wissen Sie auch, dass dieser Junge Oscar Matzerath ist“[96]. Nach ihm benannte Irving seinen Helden „Owen Meany“, um Grass zu ehren.

Kritik von Marcel Reich-Ranicki

Der den Werken von Grass häufig wenig verständnisvoll begegnende Literaturkritiker Marcel Reich-Ranicki versammelte 2005 seine Texte über den Nobelpreisträger in dem Band *Unser Grass*. Darunter befand sich erneut Reich-Ranickis Besprechung von *Katz und Maus* von 1963, die der Novelle nicht viel Gelungenes beließ. Teile des Textes litten

> „an einer gewissen Beliebigkeit in der Folge der Beobachtungen, Impressionen und Begebenheiten. Die Frage nach der Funktion einzelner Episoden und Passagen innerhalb des Ganzen drängt sich zumal dort auf, wo durch belanglose, mit genüsslicher De-

---

95 Vgl. dazu: Krzysztof Huszcza: *Günter Grass im Ausland*. In: Literarische Streifzüge. Hrsg. v. Norbert Honsza (Acta Universitatis Wratislaviensis No 1434). Wroclaw 1994, S. 119.

96 Christiane Korff: *„Ich bin ein großer Realist“*. Ein Gespräch mit dem Schriftsteller John Irving. In: DIE ZEIT vom 24. Januar 2002, Nr. 5, S. 51.

tailfreude ausgemalte Jugenderinnerungen der Gang der Handlung ins Stocken gerät. *Katz und Maus* ist ein kleines Nebenwerk, das vor allem als bemerkenswertes Symptom einer schriftstellerischen Entwicklung gedeutet werden sollte. Nach der *Blechtrommel*, dieser Eruption der aufgespeicherten epischen Energie, zeugt die Geschichte vom Schüler Mahlke von künstlerischer Disziplin.“[97]

Dass die Episoden, Symbole und Motivketten im Text optimal funktionierten und die Struktur der Novelle organisierten, war dem Kritiker entgangen, damals und später.

Die Novelle hatte, unterstützt von der Verfilmung und deren Fernsehausstrahlung 1974, längst ein von der Kritik unabhängig geführtes Eigenleben entwickelt und sich gegen alle Angriffe von Vertriebenen-, Soldaten- und Kameradschaftsverbänden und gegen Indizierungsanträge durchgesetzt.

Neues Interesse nach *Im Krebsgang* (2002)

Ein spätes Pendant

2002 erlebte die Novelle umfängliche zusätzliche Beachtung, als Grass mit *Im Krebsgang* ein Pendant zu ihr veröffentlichte und an die Welt der *Danziger Trilogie* erinnerte. Das späte Schicksal von Tulla Pokriefke wurde in der neuen Novelle verfolgt, auch die anderen Figuren aus *Katz und Maus* wurden erwähnt. Die Kritiken und Artikel zum Umfeld waren unübersehbar. Die Frage, wie man Grass in der Schule behandeln sollte, wurde neu gestellt.[98] Kritiker verglichen die Novellen miteinander:

---

97 Reich-Ranicki, *Unser Grass*, S. 43.

98 Vgl. Stefan Munaretto: *Wie man im Krebsgang zum Renner werden könnte*. In: SPIEGEL ONLINE, 16. Oktober 2002.

> „Grass nennt sein Prosastück ‚Novelle'. Es ist dies die zweite nach *Katz und Maus* und entspricht noch mehr als diese der bekannten Goethe-Definition von der sich ereigneten unerhörten Begebenheit (...) *Im Krebsgang* ist ein knapp gefasster, bedacht komponierter und höchst spannend zu lesender Text."[99]

Vom Täter- zum Opfervolk?

Tullas Weg von *Katz und Maus* zu *Im Krebsgang* sei „ein deutsches Schicksal in sehr unruhiger Zeit. Es ist so deutsch und so signifikant wie der manische Philosemitismus des badischen Bürgersprosses Wolfgang Stremplin [aus *Im Krebsgang*, R. B.]"[100]. Dass in der heftigen Auseinandersetzung um diese Novelle, in deren Zentrum die Versenkung der *Wilhelm Gustloff* mit über 10.000 Flüchtlingen an Bord[101] durch ein sowjetisches U-Boot steht, sich plötzlich Kräfte gestärkt sahen, die den Täterstatus der Deutschen verdrängten und sie nur als Opfer sehen wollten, und die dem Schriftsteller die verspätete Erinnerung vorwarfen, war eine von Grass nicht erwartete Folge. Die Annahme ist nicht abwegig, dass Grass wegen dieser ungewollten Einvernahme nun sein ebenfalls verspätetes Geständnis, in die Waffen-SS eingezogen worden zu sein, veröffentlichte, um sein Gesamtwerk noch deutlicher als Aufarbeitung eigener Schuld, Scham und Sühne auszuweisen.

Verändertes Verständnis nach Grass' *Beim Häuten der Zwiebel* (2006)

Die Kampagne nach Grass' Mitteilung in seiner romanhaften Autobiografie *Beim Häuten der Zwiebel* (2006), er sei als Siebzehnjähriger kurz vor Kriegsende in die neu aufgestellte Waffen-SS-Division

---

99 Rolf Schneider: *Der beste Grass seit Jahren*. In: Die Welt vom 5. Februar 2002, S. 27.

100 Ebd.

101 Darunter in der Fiktion die hochschwangere Tulla Pokriefke, die am Tag des Untergangs, dem 30. Januar 1945, den Ich-Erzähler von *In Krebsgang*, zur Welt bringt.

„Jörg von Frundsberg" eingezogen worden, wirkte sich auch auf die Rezeption der *Danziger Trilogie* aus. Im Ausland sah man die Mitteilung von Grass anders; eine Befragung in Russland nach dem Gespräch von Ulrich Wickert mit Günter Grass über dessen Zeit in der Waffen-SS ergab z. B., dass sich 95 Prozent der 3000 Befragten für Grass entschieden. – In einem ersten zusammenfassenden Versuch hieß es über die Diskussion:

„Heuchler" Grass?

> „Alte Rechnungen wurden beglichen, die moralischen Verdikte fielen verheerend aus, als ginge es bei diesem Verschweigen einer jugendlichen Torheit um Landesverrat. Sogar eine schlichte Gewissheit sollte eingestampft werden: dass die Instanz der Kritik nicht deshalb schon annulliert ist, wenn der Kritiker selbst ihr nicht genügt. Eine Heuchel-Suada [d. i. Redeschwall, R. B.] ohnegleichen ist über den ‚Heuchler' Grass niedergegangen."[102]

Auf *Katz und Maus* wurde ein neues Licht geworfen, ohne dass sich Grundsätzliches im Verständnis des Textes geändert hätte. Treffend schrieb eine Leserin:

> „Letztlich taucht in dieser Geschichte [*Katz und Maus*, R. B.] die Hauptfigur aus Scham über die eigene Schwäche unter. Literarisch wird dieser Protagonist in die dritte Person gekleidet. Nun, der zu jener Zeit ebenfalls pubertierende Jüngling Grass taucht wieder auf und sagt ‚ich'. Mit seinem späten Eingeständnis, ebenfalls der Verführung erlegen zu sein, ist Grass auf menschlichem Normalmaß angekommen; seine Literatur ist davon nicht berührt."[103]

---

102 Wilfried F. Schoeller: *Unversöhnt mit sich selbst*. In: Literaturen, 7. Jg./2006, Heft 10, S. 12.
103 Ilse Völter: *Auf Normalmaß*. In: Die Oberbadische, 25. September 2006.

Aus „dem dummen Stolz" der jungen Jahre, als er sich mit 15 Jahren wie seine Figur Mahlke (117) freiwillig zur U-Boot-Waffe oder zu den Panzern gemeldet hatte und dann zur Waffen-SS eingezogen wurde, sei „nach dem Krieg aus nachwachsender Scham" (Z, 127) das Schweigen geworden.

Dass es sich bei seiner frühen Novelle um ein Meisterwerk deutscher Literatur des 20. Jahrhunderts handelt, ist zu einer gesicherten Meinung der Leser und der Literaturgeschichtsschreibung geworden.

5. MATERIALIEN

Die Form der Novelle wurde von der Literaturkritik heftig diskutiert. Dabei ist sie eindeutig. Wie konsequent Grass mit vorgegebenen Mustern umging, beschrieb **Hans Mayer** (1907–2001), bedeutender Literaturwissenschaftler und Freund Grass':

„In seiner Erzählung von dem Danziger Jungen, der so gern – aus absonderlichen Beweggründen – ein ‚Ritterkreuzträger' werden wollte, in der Geschichte also mit dem Titel *Katz und Maus*, ließ sich Grass in der Formgebung durch den klassischen deutschen Novellentyp inspirieren. Auch sein zweiter Roman *Hundejahre* (1963) wurde in strenger, fast konservativer Formgesetzlichkeit gearbeitet. Verschiedene Gestalten berichten, die Perspektive wechselt, im Gegensatz zur *Blechtrommel*, wo man ausschließlich mit Oskar Matzerath zu tun hatte. Alles aber steht in deutscher Romantradition. Grass kennt seine E. T. A. Hoffmann und Jean Paul, die ihrerseits Laurence Sterne genau gelesen haben."[104]

Rolle der Straßenbahn

Auf die besondere Rolle der Straßenbahn in Grass' Texten machte eine polnische Studentengruppe aufmerksam. Da die Figuren zumeist ihre Füße gebrauchen und die Straßenbahn benutzen, sei das historische Danzig besonders gut zu „erfahren":

„Natürlich benutzen die Kinder und Jugendlichen aus *Katz und Maus* ebenso die Straßenbahn, um z. B. herauszufahren an die Ostsee und dann zu jenem untergegangenen Minensuchboot hinauszuschwimmen und sich dort zu erproben und zu langweilen. Und

---

104 Mayer, *Die umerzogene Literatur*, S. 186.

Tulla Pokriefke, Protagonistin aus den *Hundejahren*, wird schließlich Straßenbahnschaffnerin (...) In den Grass'schen Erzählungen spürt man noch den Respekt, den die Leute damals der Straßenbahn zollten, weil sie ihnen neue Möglichkeiten gab; es war noch das Bewusstsein wach, dadurch eine veränderte Stellung in Zeit und Raum gewinnen zu können."[105]

Die Beschreibung des Handlungsortes nahm besagte Studentengruppe sorgfältig auf der Grundlage der Grass'schen Texte vor. Dabei kam sie zu dem verblüffenden Ergebnis, dass sich vieles bis in die Gegenwart der 1990er Jahre erhalten hat:

Beschreibung des Handlungsortes

„Die Osterzeile ist ein bisschen schmaler als die Westerzeile. Sie hat genauso wie diese ihren Charakter bis heute weitgehend bewahrt. Zwar gibt es keinen ‚Gartenschmuck' mehr, aber die kleinen Gärtchen sind sich immer noch zum Verwechseln ähnlich. Um als Schauplatz von *Katz und Maus* dem Namen alle Ehre zu machen, wimmelt es hier tatsächlich nur so von Katzen ... Links befindet sich die Marienkapelle, ein weiß getünchtes, lang gezogenes Gebäude mit bunten Fenstern. Ihr Hof sieht wie der Pausenhof einer Schule aus, dieser Eindruck wird nur durch eine weiße Marienfigur beeinträchtigt. Sie sollte eigentlich nur eine Notkirche für die katholischen Bewohner der Wester- und Osterzeile sein, für die der Weg zur Herz-Jesu-Kirche zu weit war. Viele Jahre hindurch drängten sie den Bischof, die in der Nähe liegende Turnhalle des Sportvereins Neuschottland zu einer Kirche umbauen zu dürfen. Diese Bitte ging noch zu Zeiten der Freien Stadt Danzig in Erfüllung."[106]

---

105 Schmidt u. a., S. 32 und 36
106 Ebd., S. 140.

„Verhöhnung deutscher Tapferkeit"

Die Novelle polarisierte die Kritik. Besonders auffallende Beispiele bis zur Denunziation der Novelle als jugendgefährdende Schrift finden sich in Kritik-Sammlungen[107]:

„Er schrieb ein neues Buch unter dem Titel *Katz und Maus*. Auch dieses Buch ist eine ‚sittliche Gefährdung der Jugend', eine öffentliche Herabwürdigung der katholischen Kirche und eine niederträchtige Verhöhnung deutscher Tapferkeitsauszeichnungen."[108]

Erfahrungen mit Restaurationsbemühungen der Adenauer-Ära

Ganz anders sahen das jene Kritiker, die zwei Jahre zuvor auf den Roman *Die Blechtrommel* zurückhaltend reagiert hatten, weil sie die Gegenkräfte zum Nationalsozialismus zu wenig beachtet fanden. Sie entdeckten eine neue Qualität in der Novelle:

„In *Katz und Maus* wird die Schlusspointe durch die Zeitebene bestimmt. Der Erzähler berichtet, dass er 1959 auf einem Treffen der Ritterkreuzträger in Regensburg vergeblich seinen verschollenen Schulkameraden ausrufen ließ, der jene Auszeichnung als Gegengewicht zu seinem überdimensionalen Adamsapfel erstrebt und schließlich auch erhalten hatte. Hier deutete sich an, was dann in den *Hundejahren* verstärkt hervortrat, dass nämlich jetzt die Erfahrungen in die Epik von Günter Grass einflossen, die er nach der Rückkehr aus Paris und der Übersiedlung nach Westberlin mit der auf ihrem Höhepunkt angelangten Restauration am Ende der Adenauer-Ära gemacht hatte."[109]

---

107 Vgl. Loschütz, Ritter, S. 104 ff. (Wallerand), 107 ff. (Dillmann), 110 ff. (o. V.).

108 Willi Dillmann: *Nun trommeln sie wieder Blech*. In: Neue Bildpost, Nr. 22 vom 30. 5. 1965. Vgl. Ritter, S. 108.

109 Hans Joachim Bernhard (Ltr.): *Geschichte der deutschen Literatur*. 12. Band, Literatur der BRD. Berlin: Volk und Wissen, 1983, S. 194.

Einige Kritiker zogen die Novelle den beiden Romanen der *Danziger Trilogie* vor und begründeten das mit deren Konzentration auf Danzig und den Zweiten Weltkrieg:

Plastische Typen dank Konzentration

„Es ist öfter bemerkt worden, dass die Romane von Günter Grass, die ehrgeizig weit zurückliegenden Chroniken deutscher Zeitgeschichte, dort einen merkwürdigen Bruch aufweisen, wo die Handlung vom Weichseldelta zur westdeutschen Großstadt überspringt. Die Beschreibung der alten, abgegrenzten, geschlossenen Kleinbürgerwelt Alt-Danzigs ergibt bei aller bizarren Überzeichnung eine Reihe von plastischen Typen und originellen Charakteren, die aus ihrem Milieu gleichsam hervorzuwachsen scheinen. Sobald aber der Autor den heimatlich-kleinbürgerlichen Bannkreis verlässt, beginnt er seine Figuren und Motive zu verwandeln."[110]

Auf einen interessanten Aspekt, warum sich die Novelle vom Roman *Hundejahre* abgetrennt hat, machte eine Vorlesung aufmerksam:

Trennung vom *Hundejahre*-Stoff

„Schon am 12. Mai 1961, also etwa ein halbes Jahr nach Beginn der intensiven Arbeit am Roman [*Hundejahre*, R. B.], spaltete sich die Novelle *Katz und Maus* ab. Zunächst war sie unter dem Titel ‚Der Ritterkreuzträger' geplant. Grass hatte dafür bereits ein Titelblatt entworfen. Doch der ideologiekritische Blick auf die prästabilisierenden [eine harmonische Übereinstimmung erzeugen wollenden; R. B.] Erziehungsinstanzen Schule und Kirche hätte eine Überbetonung der Welt der pubertierenden Jugendlichen bedeutet. Dieser Bereich wurde als eigener Erzählkomplex ausgelagert."[111]

---

110 Batt, S. 141.
111 Cepl-Kaufmann, S. 274 f.

Pilenz und Grass

Während der Auseinandersetzung um Grass' Autobiografie *Beim Häuten der Zwiebel*, die meist nur das Bekenntnis, kurze Zeit Panzerschütze bei der Waffen-SS gewesen zu sein, wahrnahm, gab es ernsthafte Versuche, den Kontext zwischen der gesamten Autobiografie und dem Werk, darunter *Katz und Maus*, herzustellen. Dabei stellten Kritiker eine Ähnlichkeit zwischen Pilenz und dem Autor fest und machten darauf aufmerksam, dass Grass' Bekenntnis ahnbar gewesen sei:

„(...) Pilenz, der ewige Sucher nach Joachim Mahlke, dem *Katz und Maus*-Helden, könnte, geplant oder ungeplant, Grass selbst sein: Wie Pilenz den Gedanken, am Tode von Joachim Mahlke, an seinem Verschwinden im U-Boot-Wrack, mitschuldig zu sein, mag auch Grass nach Möglichkeiten gesucht haben, seine Schuldgefühle wegen seiner jugendlichen Mitläufer-Verwicklungen abzuladen und loszuwerden. Was im literarischen Werk, an vielen Stellen der Fiktion versteckt, erahnbar, aber nicht ganz greifbar ist, in manchen Interviews mit Grass für Hellhörige vielleicht anklang, jedoch nie wirklich offenbar wurde, – das Buch *Beim Häuten der Zwiebel* ist Grass' Respekt heischendes Eingeständnis, wie viele andere dort schuldhaft geschwiegen zu haben, wo er hätte widersprechen sollen."[112]

---

112 Herbert Fuchs: *Günter Grass: Beim Häuten der Zwiebel*. Buch des Monats Oktober. In: Marburger Forum. Beiträge zur geistigen Situation der Gegenwart, Jg. 7/2006, Heft 5, o. P. [http://www.philosophia-online.de/mafo/heft2006-5/Fu_Z.htm, Stand: März 2011].

6. PRÜFUNGSAUFGABEN MIT MUSTERLÖSUNGEN

Unter www.königserläuterungen.de/download finden Sie im Internet zwei weitere Aufgaben mit Musterlösungen.

Die Zahl der Sternchen bezeichnet das Anforderungsniveau der jeweiligen Aufgabe.

Aufgabe 1 *

Beschreiben Sie die Bedeutung der Novelle *Katz und Maus* für die Auseinandersetzung mit dem Zweiten Weltkrieg.

Mögliche Lösung in knapper Fassung:

BESCHREIBUNG

Das Mittelstück der *Danziger Trilogie*, *Katz und Maus* (1961), spielt während des Zweiten Weltkrieges vom Sommer 1940 bis zum Januar 1945; Rückblicke reichen ins Jahr 1939 zurück. Der Zweite Weltkrieg ist zu Beginn der Handlung bereits ausgebrochen; Polen wurde besiegt. Das Wrack, auf dem die sieben Jungen und Tulla ihre Freizeit verbringen, ist ein Symbol dieser Niederlage. Der Kriegsausbruch und die Niederlage Polens werden unaufdringlich, fast beiläufig am Schicksal der polnischen Flotte vermittelt: „Groß war die polnische Flotte nicht, aber ehrgeizig." (34) Es ist auch die Niederlage eines freien und unabhängigen Danzig, das seit 1920 ein selbstständiges staatliches Gebilde dargestellt hatte. Das Ende der Binnenhandlung der Novelle spielt gegen Kriegsende 1945; die Kampfhandlungen finden bereits auf dem Gebiet des Kriegsverursachers statt. Deutschlands Niederlage steht kurz bevor. Zahlreiche Hinweise weisen auf den aussichtslosen und sinnlosen Schlusskampf hin. Damit umfasst die Novelle den gesamten Zweiten Weltkrieg, den sie am Beispiel des winzigen Ausschnitts, geprägt vom Wrack und Ritterkreuz, beschreibt.

DEUTUNG

Für die Auseinandersetzung mit dem Zweiten Weltkrieg sind zwei Handlungsteile wichtig: Das ist einmal der Krieg selbst, der für den einfachen, besitzarmen Menschen als ein sinnloser und zerstörerischer Vorgang dargestellt wird und besonders in der Gestalt Mahlkes diese Sinnlosigkeit demonstriert, entwertet dieser doch das Ritterkreuz zum Halsschmuck seines Adamsapfels, den hohen militärischen Orden zur Folie einer Missbildung und eines, mythisch gesehen, Fehlverhaltens in paradiesischer Frühzeit. Zweitens findet die Auseinandersetzung mit dem Krieg in der Rahmenhandlung statt. Pilenz sucht bis 1959 nach Mahlke und trifft dabei auf jene „Übriggebliebenen" (179), die ihr Ritterkreuz nach wie vor als Ausdruck von Tapferkeit feiern, dazu die Unterstützung der Bundeswehr bekommen und keinen Gedanken auf das verbrecherische Umfeld dieser Tapferkeit richten. Hier ist der Krieg gegenwärtig, aber noch nicht als wichtige Erfahrung einer Niederlage in das Bewusstsein eingegangen, sondern wird nach wie vor mit Heldentum verbunden. So weist die Novelle auf die individuellen und die gesellschaftlichen Wirkungen des Krieges und seiner Verbrechen hin. Ein dritter Handlungsteil wird angedeutet, die Unmenschlichkeit des Nationalsozialismus im zivilen Leben, er findet sich ausgebreitet in den Romanen der *Danziger Trilogie*: Es sind die Hinweise auf die KZ – der Lehrer Brunies wird nach Stutthof gebracht –, auf die „Germanisierung" (114) in Polen und die Militarisierung der Schule, verbunden mit einem gefährlichen inhumanen Heldenideal, bis hin zum Kriegseinsatz der Jugendlichen.

Unveränderte Aktualität

Im Deutschen Bundestag äußerte der FDP-Abgeordnete Dorn 1967 in einer Fragestunde, er habe die Befürchtung, dass durch die Verfilmung von Grass' *Katz und Maus* „eine Verunglimpfung des Eisernen Kreuzes"[113] erfolge. 35 Jahre nach Dorns Äußerung verweigerte das Bundesverteidigungsministerium zwei ehemaligen Offizieren der NVA (Nationale Volksarmee der DDR), mit militärischen Ehren beigesetzt zu werden. Militärische Ehren würden bewilligt werden, wenn sie in der Wehrmacht gedient und im Zweiten Weltkrieg mit dem „Ritterkreuz aufwärts" ausgezeichnet worden wären.[114] Es hat sich seit Grass' Novelle von 1961 im Umgang mit dem Ritterkreuz und der faschistischen Armee wenig geändert.

Die Aktualität der Novelle liegt in ihrer künstlerischen Qualität und in der Analyse eines kleinbürgerlich geprägten, nationalistischen Denkens, dem Toleranz nicht gelingt und das deshalb bereitwillig für den Krieg eintritt. Sie liegt, sehr aktuell, in der Warnung vor einer immer noch lebendigen Vergangenheit. Sie beschreibt, wie ein Mensch ohne ausgeprägt politische Haltung zum willfährigen Werkzeug rechtsextremen Denkens und nationalsozialistischer Vernichtung werden konnte und werden kann.

Aufgabe 2 **

Stellen Sie die Bedeutungen des Titels *Katz und Maus* zusammen. Prüfen Sie die Wendung in ihrer Funktion für die Novelle und im alltäglichen Gespräch.

Mögliche Lösung in knapper Fassung:

ANALYSE

Der Titel lenkt den Leser. Das Begriffspaar kennt man aus alltäglicher Berichterstattung, es findet sich häufig in Polizeiberichten über die Verfolgung flüchtiger Krimineller oder als Wendung im kindlichen Spiel. Die idiomatische Redewendung „Katz und Maus" ver-

113 *Verhandlungen des Deutschen Bundestages. 5. Wahlperiode*, Stenografische Berichte Band 63, Bonn 1967, S. 4120 f. Zitiert nach: Ritter, S. 169 ff.

114 *Vom Ritterkreuz aufwärts*. In: Der Spiegel Nr. 17, 2001, S. 20.

zichtet auf das auslautende „e" bei „Katze" und macht so deutlich, dass es nicht um die Beziehung zwischen Tieren geht. Vielmehr ist diese Wendung, wo auch immer sie gebraucht wird, eine Allegorie und steht für ein Verhalten zwischen Starkem und Schwachem, Jäger und Gejagtem. Mahlke wird von Pilenz zur „Maus" stilisiert bzw. degradiert, obwohl Mahlke versucht, sich als Starker und Jäger zu profilieren. Dabei erwirbt er zwar das Ritterkreuz, bleibt aber ein Gejagter.

Die Redewendung ist auch der Titel eines Kinderspiels, in dem die Chancen gleichmäßig verteilt sind: Katz und Maus tragen Augenbinden und folgen den Weisungen ihrer Trainer, um entweder die Maus zu fangen oder der Katze durch die Flucht ins Mauseloch zu entkommen. Auch Mahlke entkommt letztendlich in das Wrack, verschwindet und wird von Pilenz als ein Auftauchender, ein Auferstehender erwartet. Am Ende steht die Auferstehung noch aus, scheint aber als symbolischer Akt nicht unmöglich. Das wird besonders in der Formulierung „Du wolltest nicht" deutlich, denn sie suggeriert, Mahlke habe es in der Hand, die Zeit zu bestimmen, zu der er auftauchen will, und diese Zeit sei noch nicht gekommen. Mahlke erscheint fast wie ein ziviler und plebejischer Barbarossa-Typ, der seinen geschichtlichen Augenblick zum Auftauchen erwartet.[115]

DEUTUNG

Erst mit dem Auftauchen Mahlkes wäre das Spiel von Katz und Maus zu Ende. Beendet würde dann auch durch Sühne die Schuld Pilenz', der Mahlke in die Rolle der Maus getrieben hatte, weil er selbst ein Jäger sein wollte. Beendet würde auch das Schweigen Mahlkes über sein Verschwinden. Dieses Schweigen korrespondierte mit dem Schweigen des Autors Grass' über seine SS-Vergangenheit. Es

115 Nach dem Volksglauben sollte der Staufer-Kaiser Friedrich I., genannt Barbarossa (um 1122–1190) in Zeiten der Not für das Reich aus seinem ewigen Schlaf erwachen und zurückkehren (Kyffhäusersage).

war von doppelter Bedeutung: Einmal schämte Grass sich, die Zugehörigkeit zur Waffen-SS nicht rechtzeitig offenbart zu haben, obwohl er sie als Kriegsgefangener 1945 im Fragebogen der Alliierten nicht verschwiegen hatte. Das war ein Fehler, der entschuldbar und erklärbar ist. Zum anderen belastete den Schriftsteller die Scham über die fortwährende militärische Traditionspflege, die nicht nur die Ritterkreuzträger, sondern auch die Waffen-SS betraf. Belastete Fälle mit intensiveren Beziehungen zum Faschismus lösten kein selbstkritisches Wort aus: Ein auf seinem Gebiet vergleichbar bedeutender Wissenschaftler, ein ehemaliger SS-Sturmbannführer, wurde nach 1989, nach dem Ende der DDR, als moralische und wissenschaftliche Instanz zum Gründungsdekan und Vorsitzenden der Struktur- und Berufungskommission an der Humboldt-Universität gemacht und erhielt hohe und höchste Ehrungen, die trotz Kritik von Studenten und Wissenschaftlern Bestand hatten.[116] Am Ende der Novelle *Katz und Maus* gab Grass einen Hinweis auf ein „Treffen jener Übriggebliebenen (...), die es wie Du zum Ritterkreuz gebracht hatten" (179); es fand „im Oktober neunundfünfzig" in „Regensburg" statt, und die „Kapelle der Bundeswehr" beteiligte sich an solcher Traditionspflege, die Grass fremd war. Es handelte sich um das Bundestreffen der „Gemeinschaft der Ritterkreuzträger" (24./25. Oktober 1959), das in Regensburg stattfand und bei dem, wie auch sonst, kein Unterschied zwischen Ritterkreuzträgern der Wehrmacht und der SS gemacht wurde.

Mit dem Titel stellt sich auch das Thema von Schuld und Sühne. Im alltäglichen Leben erscheint „Katz und Maus" in Berichten, in denen ein Verbrecher mit der Polizei sein Spiel treibt, ohne dass die ihn stellen konnte. In der Novelle sind Schuld und Sühne gewichti-

---

116 Vgl. Michael Frey: *Das Opfer und sein Henker*. In: ICARUS. Zeitschrift für soziale Theorie, Menschenrechte und Kultur. 12. Jg./2006, Doppelheft 3/4, S. 33 f.

ger als solche Verwendungen im Alltag; sie stehen in *Katz und Maus* an zentralen Stellen: Pilenz' Erzählung widmete sich einem solchen Schuld-Sühne-Vorgang und will eine Beichte sein, die zur Sühne von Schuld verhelfen soll. Die Schuld bestand darin – damit wird die Novelle eröffnet –, eine Katze auf Mahlkes Adamsapfel wie auf eine Maus aufmerksam gemacht und dadurch Mahlkes Bemühungen ausgelöst zu haben, die störende Besonderheit zu verdecken. Damit hatte er letztlich Mahlkes Drang nach dem Ritterkreuz ausgelöst. Die Sühne misslingt, nicht zuletzt deshalb, weil sie nicht nötig wurde und solche Taten im Zweiten Weltkrieg bis in Pilenz' Erzählzeit von 1959 hinein nicht als Schuld, sondern als Heldentat betrachtet wurden.

Aufgabe 3 **

Erklären Sie den Novellencharakter des Textes *Katz und Maus*.

ANALYSE

Mögliche Lösung in knapper Fassung:

Die Genrebezeichnung von *Katz und Maus* ist laut Untertitel „Eine Novelle". Damit hat Günter Grass sich eindeutig festgelegt. Unter seinen ästhetischen Ansichten ist jene zu finden – in Gesprächen mehrfach vorgetragen –, dass Form und Inhalt nicht gelöst voneinander betrachtet werden können, sondern bereits in der Entstehung eines Textes eine unzertrennliche Einheit eingehen. Grass hat das bei der Entstehung dieser Novelle deutlich erlebt: Während der Arbeit an einer Fortsetzung des Romans *Die Blechtrommel* verselbstständigte sich die Handlung um den Gymnasiasten Mahlke und fügte sich nicht mehr in die Erzählsituation des Romans ein. Erst als er diesen Teil herauslöste und zum eigenständigen Werk werden ließ, konnte auch der Roman geschrieben werden.

DEUTUNG

Der herausgelöste Teil wies in mehrfacher Hinsicht Merkmale einer Novelle auf. Fast alle Bestimmungen der Novelle könnten daran beispielhaft vorgeführt werden: von der Nähe zur Dramatik, die sich aus der steigenden und fallenden Handlung mit der abschließenden „Katastrophe" ergibt, bis zur Falkentheorie Paul Heyses, denn der Falke bei Heyse ist der Adamsapfel bei Grass. Doch es soll hier auf die Bestimmung der Novelle als „eine sich ereignete unerhörte Begebenheit" (Goethe) eingegangen werden, weil Grass in der Novelle selbst auf diese Bestimmung anspielt. Als Mahlke beim zweiten Ritterkreuzträger des Gymnasiums – er selbst wird der dritte sein – den Orden stiehlt, ihn aber dann doch zurückgibt, weil er einsieht, dass er ihn nicht als Halsschmuck tragen kann, bezeichnet Direktor Klohse das als „Unerhörtes", das sich zugetragen habe (109). Dieses Unerhörte des Direktors ist aber nicht das Unerhörte der Novelle, der Diebstahl eines Ordens ist keineswegs unerhört, höchstens kriminell. Die eigentliche „unerhörte Begebenheit" geschieht gleich zu Beginn der Novelle und löst das Geschehen aus. Pilenz setzt dem schlafenden Mahlke eine schwarze Katze an den Adamsapfel, den die Katze für eine Maus halten und fangen soll. Das geschieht auch, Mahlke schreit, trägt aber äußerlich nur Kratzer davon. Doch in der Rückschau erkennt Pilenz, dass mit dieser Tat alles angefangen habe. Mahlke, der bis dahin ein zurückhaltender Junge war – kränklich und schwächlich, er „fiel überhaupt nicht auf" (8) –, wird durch diese Tat zum Gejagten gemacht, treu dem Titel des Spiels „Katz und Maus", in dem die Katze die Maus jagt, diese aber die Möglichkeit hat, sich ins Mauseloch zu retten. Der Gejagte Mahlke sieht sich gleichzeitig in die Rolle des Außenseiters gedrängt. Schließlich vollzieht sich auch eine Entmenschlichung mit ihm: Sein menschlicher Adamsapfel wird zum tierischen Objekt erklärt und als solches eingesetzt. Noch schlimmer wird es dadurch, dass ein mythisches Relikt – der Adamsapfel soll an die Verführung durch Eva und den

Apfel erinnern, denn der Apfelbiss soll Adam im Halse stecken geblieben sein – seines religiös schöpferischen Umfeldes entäußert, animalisiert und zu einem Beispiel von Vernichtung gemacht wird. Mit dieser Tat hat Pilenz etwas Unerhörtes ausgelöst: die Animalisierung, Entfremdung und Zerstörung des Menschlichen. Das ist die eigentliche „unerhörte Begebenheit". Wenn Mahlke in der Folgezeit mit allen Mitteln versucht, die Aufmerksamkeit von seinem Adamsapfel abzulenken, indem er ungewohnte Dinge wie Schraubenzieher und Büchsenöffner als Schmuck darüber hängt, versucht er auch, dieser Entmenschlichung entgegenzuwirken. Erst in dem Augenblick, als er in der Uniform des Panzergrenadiers erscheint, eine „räubermäßig gewürfelte" Uniform, fällt der Adamsapfel nicht mehr auf: „Und die Maus? Sie schlief, überwinterte im Juni." (146) Animalisierung und Entmenschlichung haben ihre adäquate Form in der Uniform des Panzergrenadiers und im Ritterkreuz gefunden.

Aufgabe 4 ***

Stellen Sie den Zusammenhang von Schuld und Verantwortung dar.

ERLÄUTERUNG

Mögliche Lösung in knapper Fassung:

Grass' Lebenswerk liest sich als die Aufarbeitung von Scham und Schuld, keiner nachweislich persönlichen Schuld, aber der nationalen Schuld, die der Faschismus für Deutschland und die Deutschen gebracht hat und die auch als Schuld jedes Einzelnen, der als nichtjüdischer Deutscher diese Zeit miterlebt hat, geprüft werden muss. Begriffe wie „Schande", „Scham" und „Schuld" bekommen in der Autobiografie *Beim Häuten der Zwiebel* zentrale Bedeutung, hatten sie aber auch bereits in den einzelnen Werken Grass' seit seinem Erstling *Die Blechtrommel*; sie sind durchgängig auch Thema seiner Novelle *Katz und Maus*. Grass verstand Schreiben stets als Sühne für Schuld; in *Katz und Maus* sah Pilenz seinen Auftrag darin, durch das Schreiben (Beichte) sich von Schuld zu befreien. Schreiben wurde in der *Danziger Trilogie* zur Methode, deutsche Schuld zu sühnen. Oskar in der *Blechtrommel* schrieb, Pilenz in *Katz und Maus* ebenso, in den *Hundejahren* sind es gleich drei Erzählende und Schreibende. Gemeint ist die deutsche Schuld an den Verbrechen des Nationalsozialismus und des Zweiten Weltkrieges.

INTERPRETATION

Diese nationale Schuld kommt allerdings in der Novelle in scheinbar kleinerem, individuellem Format daher. Schuld empfindet Pilenz, weil er Mahlke animalisiert und ihn in seiner Außenseiterrolle auf ein fragwürdiges Heldentum gelenkt hat. Indem er sie dem Pater Alban gebeichtet hat, muss er die Sühne auf sich nehmen, die im Erzählen besteht, zu dem ihn Pater Alban aufgerufen hat und zu dem der Geistliche ihn fortwährend drängt. Mahlkes Adamsapfel, eine Bildung des männlichen Kehlkopfes, wurde der Katze als Maus angeboten, um den tierischen Angriff zu ermöglichen. Mahlke, dem seine körperliche Eigenart als Makel dadurch erst bewusst wird, strebt fortan nach Verhüllungen und findet sie adäquat schließlich im Ritterkreuz. Zahlreiche Panzer werden zerstört und ihre Besatzungen getötet – fast wie im sportlichen Spiel –, nur um die Auffälligkeit eines Adamsapfels zu verdecken. Größer kann der Widerspruch zwischen Absicht und Tat nicht sein. Taten wie die Mahlkes, die zwischen März und Mai 1944 geschahen, förderten die Dauer eines sinnlosen Krieges, der längst verloren war, vergrößerten die schon gigantischen Leichenberge in Europa, erhöhten das Leid der Zivilbevölkerung und gaben einer verbrecherischen Führung weitere Zeit, ihr Vernichtungsprogramm für Juden, Sinti, Roma und andere Ausgestoßene weiter zu betreiben. Mag Mahlke individuellen Mut bewiesen haben, seine Taten als Soldat förderten Verbrechen. Mahlke interessieren weder die militärische noch die moralische Bedeutung des Ritterkreuzes. Für ihn ist es nur als Verhüllung interessant, um von einer Absonderlichkeit abzulenken und sich in die Normalität zu integrieren. Das Ritterkreuz selbst bedeutet ihm wenig; Beifall dafür kann und will er nicht spenden, weder bei dem erfolgreichen Fliegerleutnant noch bei dem ebenso erfolgreichen Kapitänleutnant. Dem einen verweigert er den Beifall, bei dem anderen will er nicht einmal an der Feier teilnehmen und verlässt diese schließlich vorzeitig.

Die drei Ritterkreuzträger, die in der Aula sprechen oder sprechen wollen, wirkten in der Luft, zu Wasser und auf dem Lande; sie repräsentieren damit die Teilstreitkräfte der deutschen Wehrmacht. Das erinnert an die mythische Bedeutung der Zahl Drei, auch an die antiken Trilogien. Auf diese wird verwiesen, wenn Pilenz den „Möwenpulk" am Wrack als „griechischen Chor" (106) empfindet und damit einen wichtigen Bestandteil dieser antiken Dramatik nennt. Das kleinbürgerlich-plebejische Geschehen wird so auf die Ebene der antiken Heroen und ihrer tragischen Verwicklungen gehoben. Jeder der Auftritte der Ritterkreuzträger wird zu einer Inszenierung, die präzise als solche beschrieben und empfunden wird. Die Offiziere werden zu Schauspielern, die ihr Metier allerdings nicht verstehen. Das „besondere Klingelzeichen" (60), das die Schüler in die Aula ruft, ist Beginn der Aufführung, am Ende steht Beifall. Pilenz beschreibt minutiös die gestischen und rhetorischen Elemente, die in der jeweiligen Inszenierung eingesetzt werden. Er beschreibt auch die Unfähigkeit der Offiziere, mit ihren Situationen umzugehen, Schuld zu erkennen und zur Scham bereit zu sein. Das Gegenteil ist der Fall: Die Verbrechen werden zu sportlichen Leistungen stilisiert, für die zusätzlich kitschige Naturbeschreibungen herhalten müssen. Deshalb wird die dritte Inszenierung wichtig, die Mahlke bestreiten will. Sie soll mit besonderer Perfektion ablaufen und „so ziemlich alle Probleme, die mit der Verleihung zusammenhängen“ (149), berühren. Er erfüllt sich einen Wunsch. Er, der zum Zirkus, „womöglich auf die Bühne“ (29) wollte, kann und will nun die Gelegenheit nutzen, um sich seinen Zirkus selbst zu inszenieren. Einmal will er wirklich ein „Clown“ sein (29); das Ritterkreuz ist ihm dafür der willkommene Anlass. Er ahnt seine Schuld und will sie sühnen, indem er unter Nutzung der dafür zur Verfügung stehenden Möglichkeiten – die Rede in der Schule – seinen Vater, der einst ein Unglück verhinderte und „das Schlimmste verhüten“ (125) konnte, und die eigenen Taten miteinander vergleicht. Im Ergebnis seines Nachdenkens und der Diskriminierung, die er erlebt, kehrt Mahlke nicht an die Front zurück: „(…) hab einfach genug. Kannste das verstehen?“ (161)

LITERATUR

Zitierte Ausgaben:

Grass, Günter: *Katz und Maus. Eine Novelle.* München: DTV, 17. Aufl. 2010 → Der Text entspricht den unten angeführten Werkausgaben (1987 und 1997), Bd. 3 bzw. Bd. 4, hrsg. von Volker Neuhaus.

Grass, Günter: *Beim Häuten der Zwiebel*. Göttingen: Steidl Verlag, 2006 → zitiert: **Z** und Seitenangabe.

Grass, Günter: *Unterwegs von Deutschland nach Deutschland. Tagebuch 1990*. Göttingen: Steidl Verlag, 2009 → zitiert: **D** und Seitenangabe.

Grass, Günter: *Grimms Wörter. Eine Liebeserklärung*. Göttingen: Steidl Verlag, 2010 → zitiert: **G** und Seitenangabe.

Weitere Ausgaben von *Katz und Maus:*

Grass, Günter: *Katz und Maus. Eine Novelle*. In: Günter Grass: Werkausgabe in 16 Bänden, Bd. 4. Hrsg. von Volker Neuhaus. Göttingen: Steidl Verlag, 1997.

Grass, Günter: *Katz und Maus. Eine Novelle*. In: Günter Grass: Werkausgabe in 10 Bänden, Bd. 3. Hrsg. von Volker Neuhaus. Darmstadt/Neuwied: Luchterhand, 1987 → Diese Werkausgabe enthält Karten von Danzig, Bd. 2; Tabellen zur Geschichte, Bd. 5; und einen Grass-Lebenslauf mit Selbstaussagen, Bd. 10.

Grass, Günter: *Katz und Maus. Eine Novelle*. Neuwied/Berlin: Luchterhand, 1961.

Grass, Günter: *Katz und Maus. Eine Novelle*. Reinbek bei Hamburg: Rowohlt, 1963 (rororo 572).

Grass, Günter: *Katz und Maus. Eine Novelle*. Berlin: Volk und Welt, 1984 (Spektrum 192).

Grass, Günter: *Katz und Maus. Eine Novelle*. Mit Bildern von Jacky Gleich. Reihe Hanser. München: DTV, 2001.

Weitere Primärliteratur:

Grass, Günter: *Der Autor als fragwürdiger Zeuge*. Hrsg. von Daniela Hermes. München: DTV, 1997 → Die Texte sind in der Werkausgabe von 1997 zu finden; auf deren Kommentierungen sei verwiesen.

Grass, Günter: *Die Blechtrommel*. München: DTV, 8. Aufl. 1999.

Grass, Günter: *Die Box. Dunkelkammergeschichten*. Göttingen: Steidl Verlag, 2008.

Grass, Günter: *Die Deutschen und ihre Dichter*. Hrsg. von Daniela Hermes. München: DTV, 1995.

Grass, Günter: *Ein weites Feld*. Roman. Göttingen: Steidl Verlag, 1995.

Grass, Günter: *Fünf Jahrzehnte. Ein Werkstattbericht*. Hrsg. von G. Fritze Margull. Göttingen: Steidl Verlag und Verlag Buchhändler Vereinigung, 2001 (edition Welttag).

Grass, Günter: *Hundejahre*. In: Grass: Werkausgabe, Bd. 5. Göttingen: Steidl Verlag, 1997.

Grass, Günter: *Im Krebsgang. Eine Novelle*. Göttingen: Steidl Verlag, 2002.

Grass, Günter: *örtlich betäubt*. Roman. Neuwied und Berlin: Luchterhand, 1969.

Grass, Günter und Harro Zimmermann: *Vom Abenteuer der Aufklärung. Werkstattgespräche*. Göttingen: Steidl Verlag, 2000 → Die Gesprächssammlung ist eine Zusammenfassung aller Auskünfte Grass' zu Leben und Schaffen und daher Grundlage jeder genaueren Beschäftigung mit Grass.

Grass, Günter: *Falsche Folklore und erfundene Volkstänze*. Ein Gespräch mit dem Nobelpreisträger Günter Grass und den Historikern Michael Jeismann und Karl Schlögel. In. Literaturen. Berlin: Friedrich Berlin Verlag, 2002, Nr. 5, S. 20–29.

Lernhilfen und Kommentare für Schüler:

Bernhardt, Rüdiger: *Erläuterungen zu Günter Grass. Hundejahre*. Hollfeld: C. Bange Verlag, 2006 (Königs Erläuterungen und Materialien, Band 442).

Bernhardt, Rüdiger: *Textanalyse und Interpretation zu Günter Grass. Die Blechtrommel*. Hollfeld: C. Bange Verlag, 2012 (Königs Erläuterungen und Materialien, Band 159).

Bernhardt, Rüdiger: *Textanalyse und Interpretation zu Günter Grass. Im Krebsgang*. Hollfeld: C. Bange Verlag, 2013 (Königs Erläuterungen und Materialien, Band 416).

Hasselbach, Ingrid: *Günter Grass. ‚Katz und Maus'*. Interpretation. München: Oldenbourg Verlag, 1990 (Oldenbourg-Interpretationen, Bd. 36).

Pelster, Theodor: *Günter Grass*. (Literaturwissen für Schule und Studium). Stuttgart: Reclam, 1999 (Universal-Bibliothek Nr. 15220).

Ritter, Alexander (Hrsg.): *Günter Grass: ‚Katz und Maus'*. Erläuterungen und Dokumente. Stuttgart: Reclam, 1977. Bibliographisch ergänzte Ausgabe 1990. (Universal-Bibliothek Nr. 8137 [2]).

Spreckelsen, Wolfgang: *Günter Grass. Katz und Maus*. (Lektüreschlüssel für Schüler). Stuttgart: Reclam, 2001 (Universal-Bibliothek Nr. 15304).

Sekundärliteratur:

Arker, Dieter: *Nichts ist vorbei, alles kommt wieder. Untersuchungen zu Günter Grass' „Blechtrommel"*. Heidelberg 1989 (Beiträge zur neueren Literaturgeschichte, Dritte Folge, Bd. 97).

Arnold, Heinz Ludwig (Hrsg.): *Günter Grass*. TEXT + KRITIK, Heft Nr. 1/1a (4. Auflage), München: Verlag edition text + kritik, 1971; Heft Nr. 1, München: Verlag edition text + kritik, 1997 (7., revidierte Auflage der Neufassung von 1988).

Batt, Kurt: *Revolte intern*. Leipzig: Reclam, 1974 → In dem Sammelband befinden sich mehrere wichtige Beiträge zur ‚Danziger Trilogie' und ihrer Stellung im literarischen Prozess.

Cepl-Kaufmann, Gertrude: *Der Deutschen unauslöschliche Vergangenheit. Günter Grass' Roman ‚Hundejahre'*. In: Gerhard Rupp (Hrsg.): Klassiker der deutschen Literatur. Epochen-Signaturen von der Aufklärung bis zur Gegenwart. Würzburg: Königshausen & Neumann, 1999.

Durzak, Manfred: *Entzauberung des Helden. Günter Grass: ‚Katz und Maus'* (1961). In: Winfried Freund (Hrsg.): Deutsche Novellen. München: Fink, 1993 (UTB 1753), S. 265 ff.

Geißler, Rolf (Hrsg.): *Günter Grass. Materialienbuch*. Darmstadt/Neuwied: Luchterhand, 1976 (Sammlung Luchterhand 214).

Hermes, Daniela und Volker Neuhaus (Hrsg.): *Günter Grass im Ausland. Texte, Daten, Bilder zur Rezeption*. Frankfurt a. M.: Luchterhand, 1990 (Sammlung Luchterhand 902).

Hermes, Daniela und Neuhaus, Volker (Hrsg.): *Die ‚Danziger Trilogie' von Günter Grass*. Texte, Daten, Bilder. Frankfurt a. M.: Luchterhand Literaturverlag (Sammlung Luchterhand 979), 1991 → Darin besonders: Daniela Hermes: „Was mit ‚Katz und Maus' begann" – ein Kabinettstück Grass'scher Prosakunst, S. 170–180.

Jurgensen, Manfred (Hrsg.): *Grass. Kritik –Thesen – Analysen.* Bern und München: Francke, 1973 (Queensland Studies in German Language and Literature 4).

Jürgs, Michael: *Bürger Grass. Biografie eines deutschen Dichters.* München: C. Bertelsmann Verlag, 2002 → Für das Verständnis der Werke leistet die Biografie wenig; feuilletonistisch unterhaltsam.

Loschütz, Gert: *Von Buch zu Buch. Günter Grass in der Kritik.* Eine Dokumentation. Neuwied und Berlin: Luchterhand, 1968.

Mayer, Hans: *Die umerzogene Literatur. Deutsche Schriftsteller und Bücher 1945–1967*. Berlin: Siedler Verlag, 1988.

Mayer, Hans: *Günter Grass und seine Tiere*. In: Heinz Ludwig Arnold (Hrsg.): Günter Grass. TEXT + KRITIK, München: Verlag edition text + kritik, 1997 (7, revidierte Auflage), S. 78 ff.

Mayer-Iswandy, Claudia: *Günter Grass*. München: DTV, 2002 (Reihe „dtv portrait").

Moser, Sabine: *Günter Grass. Romane und Erzählungen*. (Klassiker-Lektüren, Bd. 4) Berlin: Erich Schmidt Verlag, 2000 → Das Übersichtskapitel 3.1 geht auf die Novelle ein. Es werden nicht immer stimmige Informationen zur Entstehungsgeschichte, zu zeitgeschichtlichen Einflüssen und zum Forschungsstand gegeben, S. 54–61.

Neuhaus, Volker: *Günter Grass*. Stuttgart: Metzler, 1979 (Sammlung Metzler Band 179).

Neuhaus, Volker: *Schreiben gegen die verstreichende Zeit. Zu Leben und Werk von Günter Grass*. München: DTV, 1997 → Wichtige und detaillierte Biografie, die die Erlebnisse Grass' mit ihren Nachwirkungen in den Werken vergleicht.

Neuhaus, Volker: *Günter Grass. Schriftsteller – Künstler – Zeitgenosse. Eine Biographie.* Göttingen: Steidl, 2012.

Reddick, John: *Eine epische Trilogie des Leidens? ‚Die Blechtrommel', ‚Katz und Maus', ‚Hundejahre'*. In: Heinz Ludwig Arnold (Hrsg.): Günter Grass. TEXT + KRITIK, Heft 1/1a. München: Verlag edition text + kritik, 1978 (5. Auflage), S. 60 ff.

Reich-Ranicki, Marcel: *Unser Grass*. München: DTV, 2005 → Die gesammelten Aufsätze und Rezensionen des Kritikers zu Grass.

Schmidt, Sabine, Jan Blaszkowski u. a.: *Oskar – Tulla – Mahlke. In Gdańsk unterwegs mit Günter Grass* (zweisprachig). Gdańsk: Wydawnictwo „Marpress", 1993 → Für die örtlichen Verhältnisse und Beziehungen zwischen dem historischen Danzig und dem heutigen Gdańsk ein unentbehrliches, leider etwas schwer zugängliches Hilfsmittel.

Stolz, Dieter: *Günter Grass zur Einführung*. Hamburg: Junius, 1999 → Eindrucksvolle Information über wichtige Werke und deutliche, allerdings anspruchsvolle Beschreibung des großen Wortkünstlers und seiner Texte, zu Pilenz S. 195.

Tiesler, Ingrid: *Günter Grass: ‚Katz und Maus'*. Interpretationen. München: R. Oldenbourg, 2. Aufl. 1975.

Vormweg, Heinrich: *Günter Grass mit Selbstzeugnissen und Bilddokumenten*. Reinbek bei Hamburg: Rowohlt, 1986 (rowohlts monographien Nr. 359).

Verfilmung:

Katz und Maus. BRD/Polen 1967.

Regie und Drehbuch: Hansjürgen Pohland.

Darsteller: Lars Brandt (der jüngere Mahlke) und Peter Brandt (der ältere Mahlke).

STICHWORTVERZEICHNIS

KÖNIGS LERNHILFEN

Interpretationen in Hülle und Fülle

- Thematisch zusammengefasste Einheiten
- Die am häufigsten in der Schule gelesenen Texte
- mit Texten und Musterinterpretationen
- Von Lehrern und Literaturwissenschaftlern verfasst

Beliebte Gedichte interpretiert

9.–12./13. Klasse

ISBN: 978-3-8044-1204-0

Beliebte Balladen interpretiert

9.–12./13.Klasse

ISBN: 978-3-8044-1477-8

Beliebte Kurzgeschichten interpretiert

9.–12./13. Klasse

ISBN: 978-3-8044-1205-7

www.bange-verlag.de